ビジネスマンの基礎知識としての

イノベーション＆マネジメント編

MBA入門2

［リーダーが知っておきたい企業革新の理論］

WASEDA BUSINESS SCHOOL

早稲田大学ビジネススクール

淺羽　茂
入山章栄
内田和成
根来龍之

日経BP社

はじめに

フランスの作家マルセル・プルーストが残した有名な言葉があります。

「本当の発見の旅とは、新しい土地を探すことではなくて、新しい目で見ることだ」

私は、企業の幹部研修やビジネスパーソン向けセミナーのまとめとして、しばしばこの言葉を紹介します。

人間は1人1人、それぞれの「ものの見方」で世の中を見ています。何かを見るときに、私たちは無意識のうちに「自分の見方」をしているわけです。話し方や体の動かし方にクセがあるように、ものの見方にもクセがあるのです。

プルーストの言葉は、自分が慣れている見方を捨てて、新しい目で見ることによって、本当の発見があると言っています。

ビジネスパーソンにとって、「新しい目で見る」とは、どういうことでしょうか。

私がかつて在籍していたボストン コンサルティング グループでは、20年以上前のことですが、成長率が高い企業はどんな業種に属しているのかを調査したことがあります。アメリカの大企業を選出している『フォーチュン５００』を対象にして調査しました。問題意識としては、ＩＴのような新しい産業に属する企業が伸びているのだろうと思っていたわけです。

ところが意外なことに、成長率の高い企業の半分以上は、成熟産業あるいは衰退産業に属していました。私たちの直感に反する調査結果でした。成長企業というのは、成長産業から生まれるのではなくて、衰退産業か成熟産業から生まれるということが事実としてわかったのです。

なぜ、そういう結果になったのかというと、成熟産業や衰退産業の人は「もう俺たちの業界はだめだ」と思っています。コストカットをしたり、まったく別のビジネスに活路を見いだそうと多角化したりして、何とか生き延びようとしている。みんな同じように行動しています。そういう中で、ビジネスのやり方を変えてイノベーションを起こし、業界全体の停滞から抜け出していく企業は成長率が高くなるのです。

つまり、成熟産業や衰退産業の中にこそ、成長戦略が隠れていることがある。自分たちが今両足をついているその場所を違う目で見つめ直すことによって、新しいチャンスが見つかるのです。

競争のルールはどんどん変わっていきます。誰かが変えるのを待つか、自分で変えていくか。その意識の差はいつしか大差になるでしょう。そして自分で変えていくためには、新しい目で見ることが欠かせません。
では、どうすれば新しい目で見ることができるのか。その知見を提供するのが本書の目的です。

常識や慣行から抜け出そうとしている人は、次のようなことを言われがちです。「そんなことは不可能だ」「ここではそんなやり方は通用しない」「そこまで変えるのはやり過ぎだ」「それと同じことを前に試してみたが、うまくいかなかった」「そんなに簡単にできれば、誰も苦労はしない」「もう少し経験を積めば、お前さんにもわかるようになるさ」（ジョエル・バーカー『パラダイムの魔力』より引用）
こうした「古い見方」の呪縛からビジネスを解放するために、本書は大いなるヒントを提供すると思います。

本書は、日経ＢＰ社が発行する経済誌『日経ビジネス』と早稲田大学ビジネススクール（ＷＢＳ）が共同で２０１５年４月～２０１６年３月に開催した「日経ビジネス経営塾」の理論編の講義をもとにしています。「日経ビジネス経営塾」は、毎月1回、日本を代表する経営者が講師として登場するという、実に貴重な経営教室です。
私たちＷＢＳは、学術的な知見やコンサルタント的な視点を軸にして、理論編の講義を担当しました。その講義のエッセンスをまとめたのが本書です。最先端の経営学が教える法則や、時代を超えるビジネスの原則などを織り交ぜながら、経営のリーダーとして未来を切り開いていく人たちが知っておくべきことを紹介しました。

本書では、PART1で、イノベーションやプラットフォーム、ダイバーシティなど、新しい経営課題に対応するための理論を紹介します。PART2では、戦略やリーダーシップなど、組織運営のための基本原則を解説します。

早稲田大学ビジネススクール教授
内田和成

目次

Session 3 ›››› プラットフォーム

デジタルエコノミーの基本戦略 …………… 根来龍之 53

Session 6 コーポレートガバナンス

Part 2 基本原則

Part 1

最新理論

Session 1

イノベーション

「知の探索」への、4つの視点

入山章栄

どうやったらイノベーションを起こせるか？

「イノベーション」は世界中の企業・経営者にとって重要な経営課題です。したがってイノベーションは、世界の経営学者にとっても非常に重要な研究テーマの1つです。多くの経営学者が、「どうやったら企業・組織・人はイノベーションを起こせるのか」ということについて、日々研究しているのです。

イノベーションに関する世界の経営学の研究成果については、拙著『ビジネススクールでは学べない世界最先端の経営学』（日経BP社）で、より詳しく解説しています。ここではそのエッセンスのいくつかを紹介して、日本企業が今後イノベーションを起こしていくためのヒントを提示したいと思います。

世界の経営学ではイノベーションに関する研究の多くが、理論の基盤を認知心理学に置いています。経営学とは、言うまでもなく経営・ビジネスを探求する学問です。しかし、ビジネスは人が行うわけですから、結局のところ経営学は「われわれ人間、あるいは人間からなる組織が何を考えて、どう意思決定し、どう行動しているか」を突き詰める分野に他なりません。

しかし、言うまでもなく人はそんなに簡単に理論化できるほど、単純ではあり

参考書籍

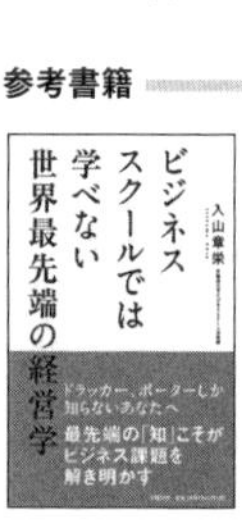

『ビジネススクールでは学べない
世界最先端の経営学』
入山章栄（著）
日経BP社
2015年

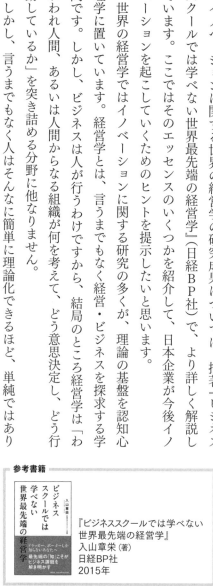

「知の探索」への、4つの視点

ません。人の心はいいかげんだし、複雑で、感情もあって、悩みもします。だから人がやることを理論的に研究・分析するのは難しいのです。

しかし、そのままでは話が進みません。そこで近代の経営学では、人の意思決定や行動に関するより明確な基盤を持った、他の学術分野の考えを応用しているのです。それが特にイノベーション研究においては、認知心理学（認知科学）なのです。

イノベーションの源泉は、知と知の組み合わせ

このように世界の経営学では認知心理学をベースにして、イノベーションに関する様々な研究成果が日々生まれています。しかし、その根底にある原理の1つは何十年も変わっていません。それは、イノベーションの根底は言うまでもなく「新しいアイデア・知」を生み出すことですが、その新しい知は「今ある既存の知」と別の「今ある既存の知」の新しい組み合わせで生まれる、と言うことです。これはジョセフ・シュンペーターという経済学者が80年以上も前に提唱したNew Combination、日本語で言えば「新結合」と呼ばれるもので、今でも世界のイノベーション研究の原理の1つと見なされています。

これは言われてみれば当たり前で、人はゼロからは何も生み出せません。したがって、みなさんが何かビジネスアイデアを考えたときも、何もないところから生み出したのではなく、今までつながっていなかった何かと何かを新しく組み合わせて、新しいビジネスアイデアを出しているはずなのです。

例えば、「この案件は前はうまくいかなかったけど、こっち側のお客さんとつなげてみたらどうだろうか」「この素材は開発が止まっていたけど、こっち側の最終製品と組み合わせてみたらどうだろう」などがそれです。このように、これまでつながっていなかったもの同士をどんどん新しく組み合わせてみることが、イノベーションにつながるのです。

人は認知に限界があるから、イノベーションが停滞する

ところが、人・組織は認知に限界があります。これは当たり前のことですが、人はこの世のすべてを把握することはできない。結果、どうしても目の前の知同士だけを組み合わせる傾向があります。したがって、同じ業界にいて、同じ場所にいて、同じような人に囲まれて何十年もビジネスをやっているような企業は、やがてその組み合わせが尽きてしまい、イノベーションの種が枯渇するのです。

「知の探索」への、4つの視点

日本の大企業や老舗企業がイノベーションに苦しむのは、これが根本の理由です。

ですから、イノベーションを起こすための最も基本的な行動は、「目の前にある知ではなくて、なるべく自分から離れた遠くの知を幅広く探索して、それを自分が持っている既存の知とどんどん新しく組み合わせること」なのです。これを世界の経営学では、Explorationと言います。私は「知の探索」と訳しています。

遠く離れた業界を参考にする

「知の探索」から生まれたイノベーションの例は、枚挙にいとまがありません。例えば、トヨタ生産システムは当時の世界に冠たるイノベーションですが、その発想はアメリカのスーパーマーケットから生まれたと言われます。トヨタ生産システムの生みの親である大野耐一氏が、1950年代にまだ日本になかったアメリカのスーパーマーケットの仕組みを勉強して、「これは自動車生産に応用できる」と考えたのだそうです。「日本の自動車生産」と「アメリカのスーパーマーケット」という、まったく関係ないものが結び付き、世界に冠たるイノベーションが生まれた例です。

また、DVDやCDレンタルのTSUTAYAを運営するカルチュア・コンビニエンス・クラブを創業した増田宗昭氏が、あのビジネスモデルに得心された理由は、当時の消費者金融からであると言われています。ＣＤの仕入れ原価は１０００円くらいで、それを一晩お客さんにレンタルすると１００円くらいが得られます。これを金融に置き換えて考えると、かなりの高金利ですよね（笑）。だからＣＤレンタルはビジネスとして成り立つに違いない、ということです。これも、消費者金融とＣＤレンタルの組み合わせです。このように、全然違うところからアイデアを持ってきて、それを自分の持っているものと組み合わせるということが、イノベーションには大事なのです。これが「知の探索」です。

そして、いろいろな組み合わせを試して、「ここは儲かりそうだ」と思ったら、そこを徹底して深堀りしていく必要があります。経営学ではExploitationと言います。私は「知の深化」と呼んでいます。イノベーションを実現するには、この深化も欠かせません。

これら「知の探索」と「知の進化」の両方が高いレベルでバランスよくできていることを、経営学ではAmbidexterity、「両利きの経営」と言います。この両利きの経営ができている企業・組織はイノベーションを起こしやすい、というのが世界の経営学で広く主張されていることなのです。

「知の探索」への、4つの視点

企業は「知の探索」をなおざりにする本質がある

ところが、企業というのはどうしても「知の深化」に傾く傾向があります。これには、いくつかの理由があります。

まず、認知心理学的に考えれば、人間の脳には限界がありますから、先ほど申し上げたように人はどうしても目の前の知だけを組み合わせようとします。結果、目の前で「もう組み合わさった知」だけを深掘りする傾向があります。

また、「知の探索」は遠くのものを幅広く見るわけですから、人・時間・金などのコストがかかります。そして何より、知と知を新しく組み合わせても、そこには失敗にも多い。結果、「たいへんな割に失敗が多くては、効率が悪いではないか」という理由で、企業・組織は知の探索をやめて、知の深化に偏る傾向があるわけです。

知の深化は、短期的には業績を向上させ得ます。すでに「儲かりそうだ」とわかっていることを、深掘りするわけですから。しかし、知の深化ばかりやっていて知の探索を怠ると、結局は長い目でみて本来重要なはずのイノベーションが起きなくなるのです。良い悪いではなくて、人・組織の本質として、そういうことが起きてしまうのです。これを経営学ではCompetency Trap、「競争力の罠」と呼びます。

したがって、もしみなさんの会社にイノベーションが足りないのであれば、それは経営学的には、企業が「知の深化」に偏ってしまい、「知の探索」がおろそかになっているということなのです。したがって重要なのは、「知の探索」のほうを、改めて徹底的に促す施策を打っていくことなのです。

では具体的に、どうすれば知の探索を促せるのか。私は複数のレベルに分けて考えるのがいいと思っていまして、ここからは代表的な4つのレベルの視点を取り上げたいと思います。

知の探索のレベル①個人レベル

1つ目のレベルは、個人レベルです。会社の1人1人、あるいは経営者自身などが、積極的に知の探索を進めていくことです。

経営者の例を挙げましょう。ヤマト運輸の小倉昌男氏が、宅急便を立ち上げた時の話です。この話は、小倉氏の著書『小倉昌男　経営学』（日経BP社）に詳しく書かれています。

現役時代、小倉氏はいろいろな勉強会やセミナーに参加していました。自分だ

参考書籍

『小倉昌男　経営学』
小倉昌男（著）
日経BP社
1999年

「知の探索」への、4つの視点

けで考えるというよりは、何か面白い話があると思うと、どんどん出掛けられていった。実にフットワークが軽い方だったようです。

そこで例えば、当時の通産省外郭団体の研究員の講演を聞き、「製造業とサービス業というのはそもそも違う商売で、商圏が違う」ということを学びます。「製造業は商圏が大きいから、在庫を持ってそれを売っていく商売だ。ところがサービス業は1日1日が勝負で、在庫を持つことができない。だから小規模なのは当たり前で、その代わり多店舗化しなければいけない」と言うのです。今こう言われれば、これは当たり前のことに聞こえるかもしれません。しかし当時は、この考えは日本で目新しいものでした。この「そもそも商圏が違う」という発想を得た小倉氏は、宅急便を小規模多店舗展開で進めることを考えたのです。

さらに言えば、小倉氏が宅急便事業に特化していく決意をした理由は牛丼の吉野家からヒントを得たからだ、というのは有名な話です。吉野家は当時、牛丼1本で勝負していました。他のメニューはなかった。小倉氏は、吉野家が牛丼1本で勝負しているのを見て、実はそうするとコストが抑えられて収益につながることに気づきました。その知恵を運輸業に取り入れ、宅配便1本で行くことを決意されたのです。小倉氏のこうした遠くから学ぶ姿勢は、まさに知の探索そのものですね。

ジョブズは失敗王だからこそ偉大になった

さらに踏み込んだ例をあげましょう。アップルの創業者スティーブ・ジョブズです。

ジョブズが出した製品はみんなヒットしていると思われがちですが、それは大うそです。ジョブズが出した製品の多くは、実は失敗しているのです。彼は「失敗王」と言ってもいいかもしれません。例えば、アップルが以前Pingというサービスを導入していたのをご存知ですか。これは今で言えば、ツイッターやフェイスブックのようなSNSサービスでしたが、まったく人々の注目を集めませんでした。そもそもジョブズが最初にアップルで開発したLisaというパソコンも、失敗作だったと言われています。このように、彼の経歴は失敗のオンパレードなのです。

しかし、これは経営学的には実にリーズナブルなことなのです。なぜなら、ジョブズは小倉氏同様、典型的な「知の探索」の人だからです。彼はものすごく好奇心が広くて、いつも知の探索をしていた。いろいろなことに興味を持つわけです。そして、それを自分のビジネスと結び付けます。そして、特に変化の早いIT業界にいますので、組み合わせたらまずは商品化してみる。結果、いろいろ

「知の探索」への、4つの視点

な製品・サービスが出てきて、次々と失敗したわけです。

しかし、その中でごく一部だけヒットした製品があった。それがiPhoneやMacBookですね。そして、それがものすごく売れてしまった。だから今振り返ると、「スティーブ・ジョブズは、出した製品は何でもヒットさせている大天才」みたいに思われているだけなのです。でも、彼の本質は「失敗王」なのです。

このように考えると、個人レベルの「知の探索」に必要なことは明確でしょう。それは、「いかに失敗を受け入れられる組織を作り、あるいはそういう経営者・リーダーになるか」ということです。もちろん、人は失敗したくてする訳ではありません。しかし、知の探索は遠い知と知の組み合わせですから、どこかで失敗が起きやすく、企業・リーダーはそれを受け入れる必要があるのです。

ただ、言うまでもなくこれは簡単なことではありません。企業は常に「成功」しなければならないプレッシャーがあるからです。特に、四半期ベースで業績を求められる上場企業はそうでしょう。しかしそれでも、どこかで失敗を受け入れないと、結局は「知の深化」に偏るのでイノベーションが起きなくなるのです。

知の探索のレベル②戦略レベル

「知の探索」の2つ目のレベルは、戦略レベルです。

戦略レベルで知の探索をする方法は、何と言ってもオープンイノベーションです。例えば、アライアンスやM&Aを通じて異業種の他社とコラボレーションをすることで、自分たちから離れた知を得て、組み合わせることです。オープンイノベーションは、世界の経営学では知の探索の手段として完全に認識されています。

中でも現在、欧米企業が積極的に採用していて日本でも注目されつつあるのは、コーポレート・ベンチャー・キャピタル(CVC)でしょうか。これは事業会社がベンチャーキャピタル企業のように新興のスタートアップ企業に投資して、彼らとコラボレーションをすることです。スタートアップ企業は、既存企業がやっていることと違うことをやっているわけですから、新しい知を持っています。そことコラボレーションするのは、典型的な知の探索です。

現在の欧米企業、特にハイテク系の企業はCVCを徹底的に行なっています。シスコ、マイクロソフト、インテル、セールスフォースなどがそうです。他にもジョンソン・エンド・ジョンソン、メルク、シーメンス、フィリップスなど、名だたる企業がCVCをやっています。経営学の統計解析をした研究でも、条件付きではありますが、CVCを積極的に行う事業会社は中長期的に企業価値が高まりやすい、あるいはイノベーティブな成果を起こしやすいという結果もあります。

知の探索のレベル③組織レベル

「知の探索」の3つ目のレベルは、組織レベルです。

組織レベルで知の探索をするためには、そもそも組織自体を知の探索に向くようにしていくことが重要です。

たとえば、ダイバーシティ経営がそれに当たります。詳しくはセッション4で解説しますが、グーグルがどうしてダイバーシティを徹底しているかといえば、それは「イノベーションのためにやっている」と言われています。そのくらいダイバーシティは知の探索のために重要です。

また、組織のルール・文化として、組織レベルの知の探索を定着させる手段もあります。わかりやすいのは、スリーエムの15%ルールでしょうか。スリーエムでは「就業時間のうちの15%は好きなことをやっていい」というルールになっています。「自分の上司は認めてくれていないけど、もしかしたら将来、会社のためになるかもしれない」ということを自由にやる時間が15％あるわけです。グーグルでも20％の時間を自由に使っていいことになっている。このようなルールがあると、社員はちょっと離れた遠くのことをやる。これは典型的なルール化された知の探索につながり得るのです。

知の探索のレベル④人脈レベル

4つ目の知の探索は、人脈レベルです。この視点は認知心理学だけではなく、社会学の考え方も基盤になっています。中でもイノベーションの研究でよく使われるのはソーシャルネットワークと呼ばれるもので、「人脈」に関する視点です。

みなさんも、人脈を大事にされている方が多いと思います。世界の経営学では、「人はどのような人脈を持てば、パフォーマンスが上がるのか」という研究が大量に行われています。中でもよく知られるのが、「強い結び付き」「弱い結び付き」の理論です。

「強い結び付きの人脈」とは、たとえば親友です。「弱い結び付きの人脈」は、例えばただの知り合いです。名刺交換をしただけのような関係です。

みなさんは、「親友」と「ただの知り合い」のどちらが大切でしょうか。親友のほうがいざとなったら自分を助けてくれるから親友に決まっているだろう、と答える方も多いはずです。ところが経営学では、実はそうとは限らないということが主張されています。

たとえばAさん、Bさん、Cさんがいるときに、AさんとBさんが親友で、AさんとCさんも親友だとすると、BさんとCさんもどこかで知り合う確率が高くなります。したがってBさんとCさんもつながるので、A、B、Cの間で3辺が完成した三角形ができます。

他方、AさんとBさんがただの知り合いで、AさんとCさんもただの知り合いだと、BさんとCさんはなかなかつながりません。結果、1辺が欠けたままの三角形になります。この両者を拡張したネットワークにすると、図のようになります。強い結びつきの人脈でできたネットワークは密なものになり、弱い人脈でできたネットワークはスカスカになります。

このどちらがいいかというと、実は弱い人脈でできたスカスカのネットワークのほうがいいことがある、ということがわかっているのです。

その理由は第1に、強い結びつきのネットワークは、全体として効率が悪いことです。例えば同じ量の情報をネットワーク全体に行き渡らせるのに、強い結びつきの密なネットワークは、ムダなルートがたくさんある。逆に言えば、弱い結びつきのスカスカなネットワークは無駄がなく、効率的です

「強い結び付き」と「弱い結び付き」のネットワーク

強い結びつきのネットワーク

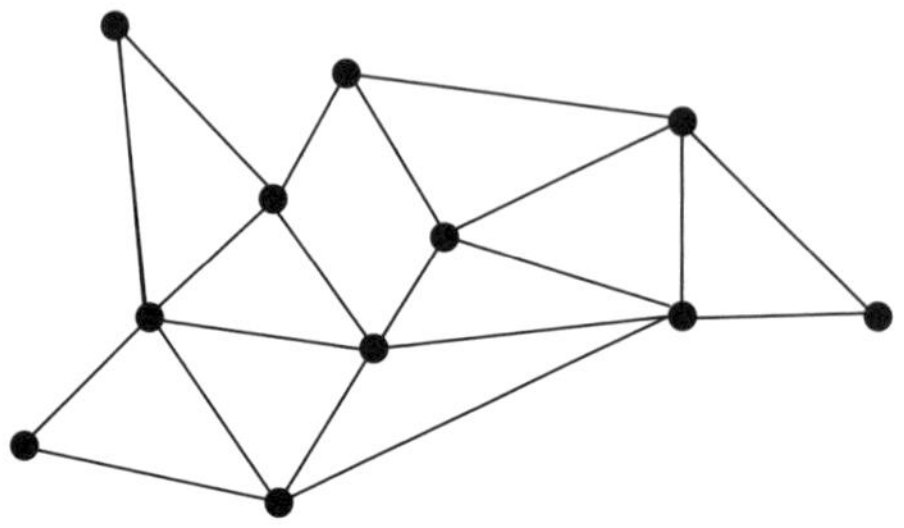

弱い結びつきのネットワーク

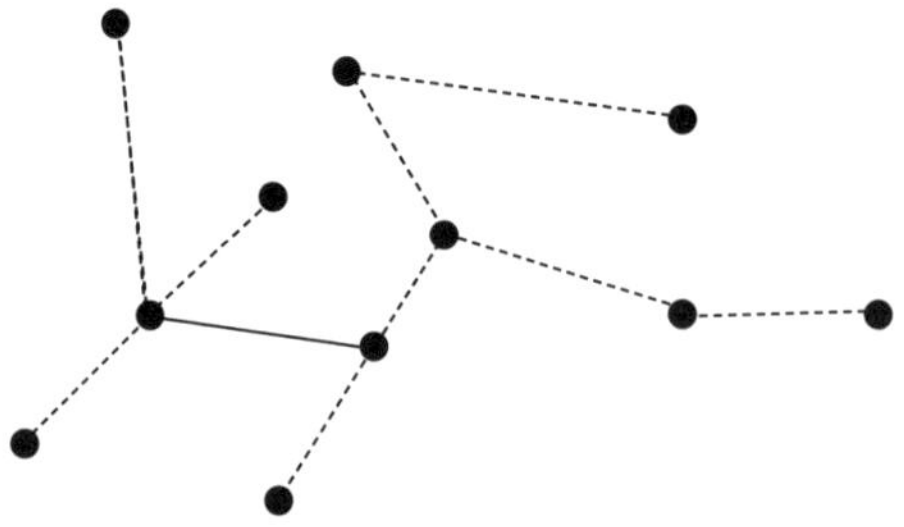

注：上下の図とも点の数は同じ
出所：著者作成

「知の探索」への、4つの視点

第2に、弱い人脈は簡単につくれます。誰かと親友になるのは大変です。でも、「名刺交換して、とりあえずメールのやりとりをしましょう」くらいの弱い関係は、誰でも比較的簡単に作れます。結果、弱い結び付きは遠くに伸びやすい。すると、そこには多様な背景を持った人たちがたくさんいて、そういう人たちとは弱い結びつきのほうがドンドンつながれる。そして、そういう遠くの多様な情報を持った人たちが発信する情報・知見が「効率的に」流れてくるわけです。つまり、「知の探索」につながるのです。知の探索に向いた人脈は、実は弱い結び付きのほうなのです。

ですから、知の探索を進める上では、弱い結びつきをどんどん作らないといけません。しかし、これも従来までの職人気質な気風のある日本企業では難しいことでした。弱い人脈を作るということは、会社の外に出て、異業種交流会や様々な機会で人脈を作ることなので、そういう人は社内で「チャラ男」などと揶揄されがちだからです。しかし実は、こういう方々こそ、むしろ知の探索を進めやすいのです。実際、海外の経営学では、「弱い人脈を豊かに持つ人の方が、創造的なアイデアを生みやすい」という統計分析の結果も得られています。職人気質の日本企業も、もっと「チャラ男」「チャラ娘」を増やすべきだし、またそういう人たちが提案するアイディアをうまく活用すべきだ、ということです。

「誰が何を知っているか」を知っているようにする

ここまで、知の探索をどうすれば進められるかということを、4つのレベルに分けてお話ししました。しかし、知の探索をすればそれで終わりという訳ではありません。イノベーションは「知と知の新しい組み合わせ」ですから、それらは社内で共有され、組み合わせなければならないからです。従って、「情報共有」が次のポイントになっています。

一方、情報共有については、多くの方が勘違いされていることがあります。なぜなら、一般に「情報共有とは、組織の全員が同じことを知っていること」と思われているからです。しかし、大きな組織ではそれは無理な話でしょう。認知心理学の話をするまでもなく、人の脳には限界がありますから、1人の人が会社のことを何でもかんでもインプットしておくことは不可能です。

これに対して世界の経営学では、トランザクティブメモリーという考え方が定着しています。これは、「組織にとって大事なことは、組織の全員が同じことを覚えていることではなくて、組織の『誰が何を知っているか』をメンバー全員がやんわりと知っていること」です。

英語で言うと、「組織に重要なのはwhatを覚えていることではなく、who

「知の探索」への、4つの視点

knows whatを覚えていること」ということです。実際、トランザクティブメモリーが高い組織は、事後的な学習能力・パフォーマンスが高いという結果は、経営学・社会心理学の実証研究でも得られており、組織学習分野の研究者の間ではトランザクティブメモリーの重要性はよく知られています。

フェース・トゥ・フェースの接点を増やす

では、トランザクティブメモリーを高めるにはどうすればいいのか。様々な考え方があるのですが、ここでは南カルフォルニア大学のマーサ・ホリングスヘッドという組織心理学者が行った研究を紹介しましょう。彼女は心理実験として34組のカップルに共同作業をしてもらい、事後的なトランザクティブメモリーを計測するということを行いました。

ここで興味深いのは、ホリングスヘッドはこの34組のカップルを、3つのタイプに分けたことです。第1のタイプは、共同作業中に普通にコミュニケーションができる。第2のタイプは、共同作業中にお互いの顔が見えないが、会話はできる。第3のタイプは、お互いの顔は見えるけど、会話が禁止されている。したがって文書交換とか、身ぶり手ぶりとか、目と目を合わせたアイコンタクトでコミュニケーションを取るタイプです。

そして実験の結果、この3タイプの中で一番トランザクティブメモリーが低いままだったのは2つ目のタイプ、つまり「お互いの顔が見えないカップル」でした。このタイプのカップルだけが、トランザクティブメモリーを上げられなかったわけです。逆に、会話はできないけど顔が見える、第3のタイプのカップルは、普通にコミュニケーションができる第1のタイプのカップルと、トランザクティブメモリーの差はほとんどなかったのです。

これは何を意味するかというと、やはり「目は口ほどに物を言う」ということに尽きるでしょう。トランザクティブメモリーではお互いが顔を合わせ、目と目を合わせてのコミュニケーションが非常に重要、ということなのです。

つまりイノベーションが生まれやすい組織にするためには、フェース・トゥ・フェースのコミュニケーションを増やして、「who knows what」を組織に浸透させていくことが大事なのです。

一方で、近年は組織が大きくなれば、部署の間で部屋が別れ、フロアが別れ、拠点も別れていきます。今後は、働き方改革の流れでリモートワークも加速するでしょう。私は、これらの流れに必ずしも反対ではありません。しかし、これらの施策を何も考えずあまりに進めすぎると、それは従業員の間、中でも部署を離れた従業員の間で、顔を合わせてのコミュニケーションをする機会を失わせ、長い目で見てトランザクティブメモリーを失わせ、イノベーションの可能性を低下させる遠因になりかねないのです。

日本企業のインフォーマル活動を復活させよう

さて、このように、イノベーションを起こすには、「知の探索」「弱い人脈」「トランザクティブメモリー」などが欠かせません。ここまでの議論を前提に、最後に私の問題意識をお話ししましょう。

それは、「日本企業は、実は昔のほうが良かった部分があるのではないか」ということです。なぜなら、昔の日本企業には明示的ではないけれど、インフォーマルに「知の探索」「弱い人脈」「トランザクティブメモリー」を促す仕掛けがあったのではないか、と私は考えるからです。それが近年、いろいろな理由で失われてきているのではないか、というのが私の問題意識です。

第1に、例えば「闇研」です。年配の方はご存じだと思いますが、日本企業の社員は昔、闇研をいろいろやっていました。就業時間後、たとえば夜10時、11時になってから、職場でこっそり商品開発をする。「部長は認めてくれてないけど、もしかしたらこの技術がうちの会社の役に立つかもしれない」ということを、エンジニア魂でやるわけです。これこそ、本業とは離れたことをやるのですから、典型的な「知の探索」です。

実際、昔の日本には闇研から出てきたヒット製品がたくさんありました。たとえばカシオが日本で最初にヒットさせた液晶パネルをつけたデジカメQV－10は、闇研で開発されたものと言われています。ノーベル賞を取った中村修二氏の青色発光ダイオードだって、中村氏の闇研の成果と言われています。

ところが最近はコンプライアンスがうるさくなり、組合も何か言ってくるし、とにかく就業時間を減らすことが大事になって、闇研ができなくなっています。だとしたら、これに代わる施策が必要なのです。

第2に、日本企業では、フェース・トゥ・フェースのコミュニケーションも減っているのではないかと思います。効率が重視されるようになって、メールなどで用件を済ませてしまうようになってきたからです。オフィス内では「集中力を高めるため」などと言ってパーティションで仕切ってしまう。これではフェース・トゥ・フェースの機会が失われるばかりです。結果として先に述べた、イノベーションに決定的に重要なトランザクティブメモリーを育てる機会がなくなっている可能性があります。

例えば昔は、どこの企業にも「たばこ部屋」があって、そこにいろいろな部署の人が集まってきました。営業、マーケティング、法務、財務、総務、企画など、

「知の探索」への、4つの視点

いろいろな部署の情報が、そこで交換されていたのです。たばこを吸いながら、「○○ちゃん、最近どうなの～」「えっ、うちの営業、今そんなお客さんと付き合っているんだ！」「総務ではこんなことが起きているらしいぜ」といったインフォーマルな情報が、シェアされていたわけです。私はたばこを吸うことを推奨しているわけではありません。ポイントは、タバコ部屋がそういうインフォーマルな交流の機会を従来になってきたのですが、それがなくなってきているので、それに代わる別の仕掛けを入れたほうがいいのではないか、ということです。

飲みニケーションも、少なくなっているかもしれません。同じ部署の人ばかりと飲んでいたら意味はありませんが、違う部署の人と飲むのは、トランザクティブメモリーという意味でも、社内で弱い人脈を作る上でも意味があるでしょう。しかし近年は、若い人でお酒を飲まない人も多いですし、飲みニケーションもあまり推奨されません。これも、私は飲みニケーションが重要と言いたいのではなく、それに代わる仕掛けを入れるべき、ということです。

このように、昔の日本企業には、今日お話しした「知の探索」「弱い人脈」「トランザクティブメモリー」につながるインフォーマルな仕組みがたくさんありました。それが、コンプライアンスだとか、効率化とかが重視されるようになって、失われてきている。結果的にそれが日本企業からイノベーションの力を失わせている遠因になっているのではないかというのが、私の強い問題意識です。

シリコンバレー企業は「ルール化された闇研」を導入

逆に、このような仕掛けをどんどんつくっている場所があります。それは、イノベーションの中心地であるシリコンバレーの企業たちです。例えば、先ほど申し上げたグーグルの20%ルールというのは、典型的な闇研ですよね。ルール化された闇研です。

加えて言えば、シリコンバレーの企業に行くとオフィスは広く、インフォーマルな接点が社内で生まれる場所が用意されている。広いフロアの真ん中にコーヒーの飲める場所を置く会社も多い。そうすると様々な部署から「コーヒーを飲みたい」という人が集まってきて、全然違う案件をやっている人が情報交換をしているのです。

また、これはシリコンバレーに限らないことですが、アメリカ企業の部長クラスの人たちの一番大事な仕事の1つは、週末のワインパーティーです。郊外にある大きな家に住んで、そこに自分の部下、取引先、親戚で面白いビジネスをやっている人などを集めて、ワイガヤをさせる。そこで知の探索をさせて、顔と顔を合わせることでトランザクティブメモリーを高め、弱い人脈を作っていくわけです。

「知の探索」への、4つの視点

日本企業が昔イノベーションの源泉としていたインフォーマルな仕組みが、いろいろな理由で失われる一方、シリコンバレーの企業はそれを明示的に埋め込んでいる。だとしたら、日本企業はどうすればいいのか、ということをぜひ考えていただきたいと思っています。こういった論点をヒントにして、少しでもみなさんの会社でイノベーションが進むきっかけになってもらえれば、と思っています。

（講義時期2016年2月）

Session 2

エコシステム

「競争」から「協力」へ

淺羽 茂

戦略のキーワードが変わった

これまで競争戦略論では、どうやって優位性を構築するか、いかに競争圧力から逃れるかということを議論してきました。しかし最近の企業間の競争を見ていると、それとは異なる動きが重要になっています。

最近、ビジネス・エコシステムという言葉がよく使われます。エコシステムとは「生態系」を意味します。さまざまな動物や植物が相互依存しながら共存していく環境のことです。これがビジネスの世界で比喩的に使われるようになり、企業や個人などが社会の中で共存していくシステムを指す言葉として一般化してきました。

エコシステムは他者の協力があって成り立ちます。エコシステムをうまく機能させるためには、そこに関わる人たちのことをよく知り、協力を引き出さなければなりません。

昔、タイヤメーカーのミシュランは、ランフラットタイヤという、パンクしても走れるタイヤを開発しました。これはタイヤメーカーだけでなく、タイヤ販売店、ドライバーなどみんなをハッピーにする製品だと思われましたが、全然普及しませんでした。

なぜ普及しなかったか。普通のタイヤをはいた車のドライバーにランフラットタイヤを使ってもらうには、自動車整備工場でランフラットタイヤに付け替え、調整しなければならない。しかし整備工場にとってはそれが面倒だった。つまりランフラットタイヤが普及するためには、整備工場が積極的になってくれることがカギだったのです。

でも、それは後でわかったことです。整備工場の人たちに対する教育や、付け替えをするとどのぐらい利益が上がるかというインセンティブの付与が非常に弱かった。だから彼らは全然やろうとしなかった。ここがボトルネックになって、ランフラットタイヤは普及しなかったのです。

もう1つ、例を上げましょう。電子カルテです。日本では普及してきましたが、10年ぐらい前、アメリカで普及させようとしたときには、うまくいきませんでした。

電子カルテが普及すれば、そのシステムを作っているシステム屋さんは儲かります。患者さんは、電子カルテが普及して自分の医療情報をいろいろなところで使うことができればうれしい。病院の事務部門もそれによって作業が簡素化されるかもしれない。みんな喜ぶはずでした。

ところが、カルテを記入する医師には抵抗があった。医者は自分の言葉で書きたいわけですが、当時はそれができなかった。それで電子カルテはしばらく普及しませんでした。

隠れたキープレイヤーも協力してくれるか?

製品でもサービスでも、新しいビジネスを普及させるときには、いろいろな人が関わってきます。そのとき、お客さんがいて、パートナーがいて、自分がいてというふうに、キープレイヤーはすぐに見つかります。

ところが、ちょっと見逃してしまうところもあるのです。それが前述の例では整備工場の人たちや医者の入力のプロセスなどでした。そこに対する手当てが不十分だと、ビジネスモデルはうまく回っていきません。

翻って、ビジネスモデルをうまく回していくためには、誰の努力が必要なのかを見極めることが重要です。自分たちだけでなくて、少し視野をワイドに持って、そして重要な人を漏れなく探して、その人たちの協力を取り付けていくことが欠かせません。つまり「競争」という側面よりは、どうやってパートナーとうまく付き合っていくかという「協力」が重要になっている現象だと思います。

「競争」から「協力」へ

最近は、オープンイノベーションの必要性が高まっています。従来は自社で何でもやればよかったのですが、効率的にビジネスを立ち上げるためには他社と組むことが重要になっています。しかし「やりましょう」と言ってすぐできるものではない。出てきた成果物をどういうふうにシェアするかということも決めないといけない。変な決め方をしたら協力を得られないでしょう。

オープンイノベーションにはいろいろな難しさがあります。その本質は何かというと、ほかのプレイヤーと競争するというよりは、「どうやって協力するか」ということです。

インセンティブをどういうふうに与えるか。付加価値なり、利益なりをどういうふうにシェアするか。そういうところがカギです。「いかにして競争に勝つか」「どうやって競争を排除するか」ということよりも重要なのです。

付加価値をシェアする

オープンイノベーション型のビジネスモデルでは、サプライヤーやお客さんといった他者との間で、そのビジネスが生み出す価値を分け合う関係になります。付加価値をシェアするわけです。

シェアのされ方いかんによっては、誰かが不満を持ったりして、そのビジネスモデルに入るのは嫌だという人が出てくる恐れがあります。

逆に、シェアのされ方によっては、ものすごく貢献してくれて、このビジネスモデルをどんどん成長させようとしてくれるかもしれません。

パートナーとの間で、付加価値をどういうふうにシェアするかによって、そのビジネスモデルが発展するか、それともシュリンクするか、破綻してしまうかが決まってくるのです。

つまり、繰り返しになりますが、重要なキーワードは「競争」ではなくて、「協力」です。パートナーをどういうふうに巻き込んでいくのかということがすごく重要になってくるのです。

例えば、iPhoneの部品のサプライヤーは世界中に散らばっています。いろいろな会社から部品を調達して、組み立ても外部でやって、そして製品を作ります。部品をどういうふうに調達するかというときに、昔は、「自分で作るか、それとも外部から買うか」という「make or buy（メイク・オア・バイ）」の意思決定をすればよかったわけですが、iPhoneの場合は、「buy from whom（バイ・フロム・フーム）」「buy from where（バイ・フロム・ホエア）」を決めなければならない。サプライヤーがたくさんいて、それぞれ競い合わせながら、あるいはどこかとうまく価値を共有し合いながら、サプライチェーンをつくっています。

サプライヤーに協力してもらうためには、自分で利益を独り占めするのではなく、うまくインセンティブを与えなくてはいけない(アップルは取り過ぎなのではないかと思いますが)。

顧客の価値、仕入れ先の価値

付加価値のシェアについて考えるときには、バリューベースド・ストラテジー(Value-based Strategy)という考え方が役に立ちます(Brandenburger & Stuart, 1996)。

この考え方は、しばしば次ページのような図で説明されます。図の中の「Firms」というのは企業、「Buyers」は顧客、「Suppliers」は仕入れ先です。

そして、顧客、企業、仕入れ先という三者が取引を行うことによって、世の中に価値が生み出され、価値を三者で分け合います。

顧客には、「これが手に入るなら、いくらまで払ってもいい」という支払い意欲(購入希望金額)があります。これをWillingness-to-payと呼びます。実際に買うときに支払った金額は販売価格(Price)です。顧客は、この取引に参加したことによって、払ってもいいと思っていた金額よりも安い価格で手に入れることがで

Value-Based Strategy

(Brandenburger & Stuart, 1996)

- ▶3つのプレイヤー(サプライヤー、企業、買い手)の特徴によって、創造される価値が定義される。
- ▶各プレイヤーによって、どのように価値が獲得されるか?
＝事業戦略の中心的問題。
- ▶協力ゲームの理論をベースにしている。

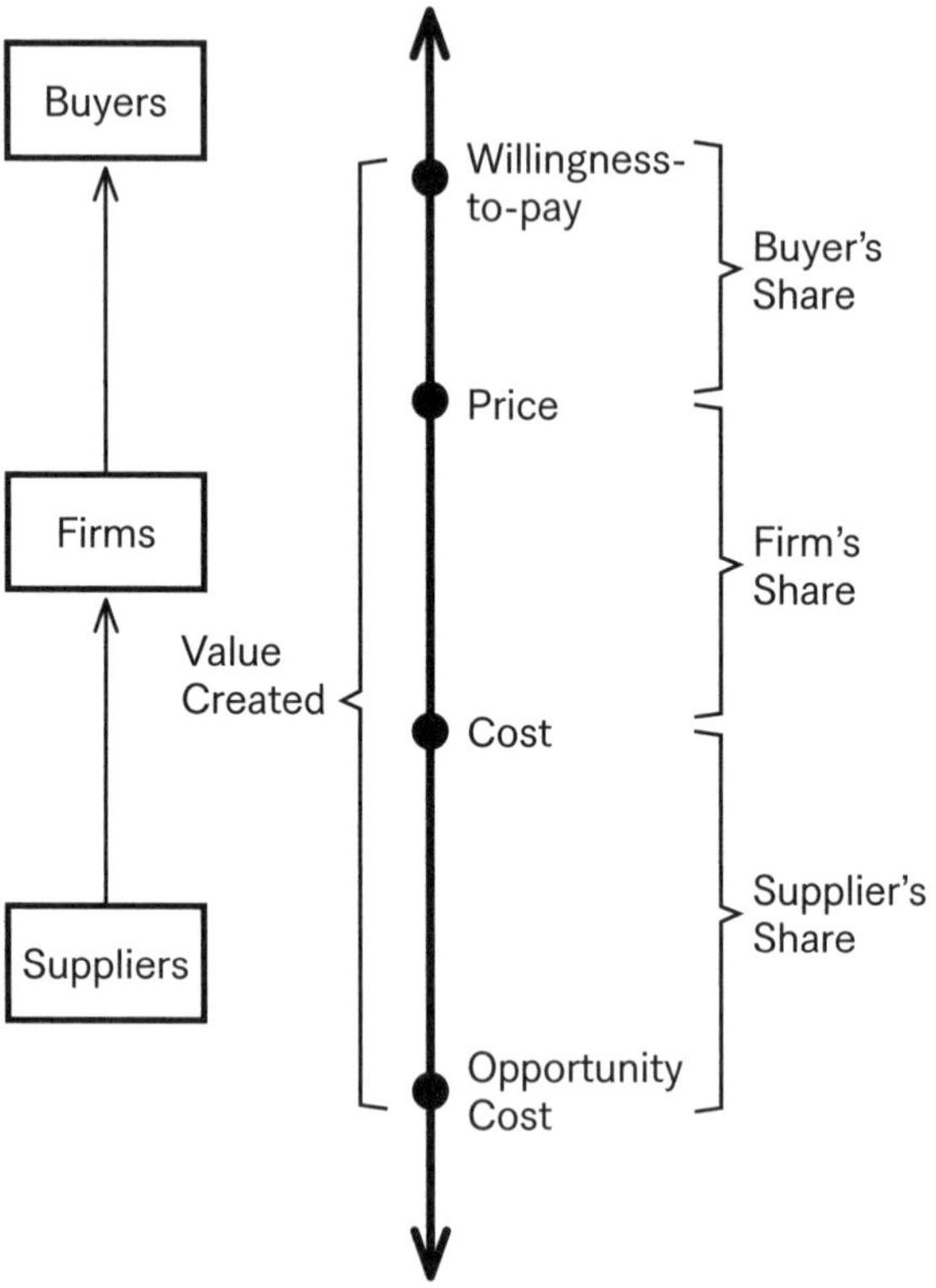

きた、つまり「得した」と考えられるので、購入希望金額と価格との差を顧客が獲得した価値であると考えるのです。

企業にとっての価値は簡単です。メーカーなら原材料を仕入れて、加工して製品にして売る。流通業なら、メーカーから商品を仕入れてお客さんに売る。そのときの仕入れ値（Cost）と販売価格（Price）の差が、企業が獲得する価値です。

最後に、仕入れ先が獲得する価値というのは、メーカーに原材料を販売した金額（Cost）と機会費用（Opportunity Cost）の差と考えます。機会費用とは、「ほかの相手に売ったときに得られたはずの金額」です。当該メーカーに原材料を販売したために、ほかのメーカーに販売する機会を失ったとみなして、失った取引機会で得られたはずの売り上げを費用と考えるわけです。

こう考えると、顧客の購入希望金額から仕入れ先の機会費用までの全体が、この三者の取引によって創造された価値になります。そして、創造された価値を、取引に参加した三者が分け合います。それぞれの分け前が、それぞれが獲得する価値となるのです。

価値の1人占めはビジネスモデルを壊す

ここで重要なことは、誰かが価値を1人占めすると、取引関係が維持できなくなるということです。例えば、企業が自分の取り分を大きくしたいと思って販売価格を上げれば、顧客は自分の価値が減ってしまうので、この取引に参加しなくなる（買わなくなる）でしょう。あるいは企業が原材料を仕入れるときに買いたたいて仕入れ値を下げると、当面は企業の獲得する価値が増えるかもしれませんが、そのうち仕入れ業者がそっぽを向いて、「もうあなたのところには売りません。ほかの会社に売ります」ということになるかもしれません。

そうなると取引関係が崩れて、価値そのものが創造されなくなり、企業も価値を獲得できなくなってしまいます。短期的に自分の取り分を増やすことができたとしても、長期的には価値が生まれなくなってしまいます。取引相手も価値を獲得できるように、協力関係をうまく組んで、それぞれの人に努力をしてもらわないと、取引関係は維持できません。

つまり、ビジネスモデルを構想する際には、「誰に対して何を提供するのか?」「そのために内部の業務プロセスをどのように構築するのか?」という問いに加え、「外部のプレイヤーとどういう関係を築くか?」という問いに答えることがきわめて重要なのです。取引先を含めたシステムをうまく作り、その関係を維持することによって初めて価値を生み出すことができるのです。

逆に言うと、外部者の協力を引き出し、創造する価値が増えていくようなシステムになっていないと、うまいビジネスモデルではないのです。

(講義時期2015年11月)

Session 3

プラットフォーム

デジタルエコノミーの基本戦略

根来龍之

シェアリングエコノミーの核心

最近、日本における知名度が急に高まった企業にエアビーアンドビー（Airbnb）とウーバー（Uber）があります。どちらの会社もアメリカ生まれで、シェアリングエコノミーの代表的成功例と言われます。日本では法規制の制約があって開店休業状態が続いていますが、世界的には大きな成長を遂げています。

エアビーアンドビーは、宿泊の仲介サービスです。家に空き部屋がある人と、一般の人の家に泊まりたいという観光客などをつなぎます。日本では、外国人観光客が増加し、東京オリンピック・パラリンピックの開催も控えていることから、ホテル不足の対策として民泊が解禁されることになり、このサービスの存在がクローズアップされるようになりました。

ウーバーは、ライドシェアのサービスを提供しています。自動車で移動したいと思っている人と、自動車に誰かを乗せて儲けたいと思っている人をつなぐサービスです。その売上高は全世界で１兆円以上（２０１５年）に達していると言われています。ウーバーの事業構想は、自動運転タクシーや自動運転配送も視野に入れており、トヨタ自動車も出資するなど、世界の自動車業界がその動向に注目しています。

この2つのビジネスは、プラットフォーム型という共通点があります。エアビーアンドビーもウーバーも、利用者とサービスの提供者の間をつなぐ仲介プラットフォームを提供しています。利用者とサービス提供者にそれぞれ登録してもらって、双方の情報をつなぎ、代金のやり取りなどをする仕組みを整えたわけです。

他のプレイヤー（補完製品）と一体化する

プラットフォームというのは、お客さんに直接的に価値を提供する製品群の土台になるような製品・サービスを意味します。他のプレイヤー（企業、消費者など）が提供する製品・サービス・情報と一体になって、初めて価値を持つ製品・サービスを意味します。

これはお客さんの側から考えるとわかりやすいと思います。電子書籍プレイヤーを買ってきても、それだけでは価値はありません。コンテンツである電子書籍を手に入れて、はじめて「書籍」としての価値が生まれます。

つまりプラットフォームは、その上に乗って、いろいろな機能を果たす製品やサービスを必要とします。それを「補完製品」と呼びます。補完製品がプラット

プラットフォームの定義

「他プレイヤー（企業、消費者など）が提供する製品・サービス・情報と一体になって、初めて価値を持つ製品・サービス」

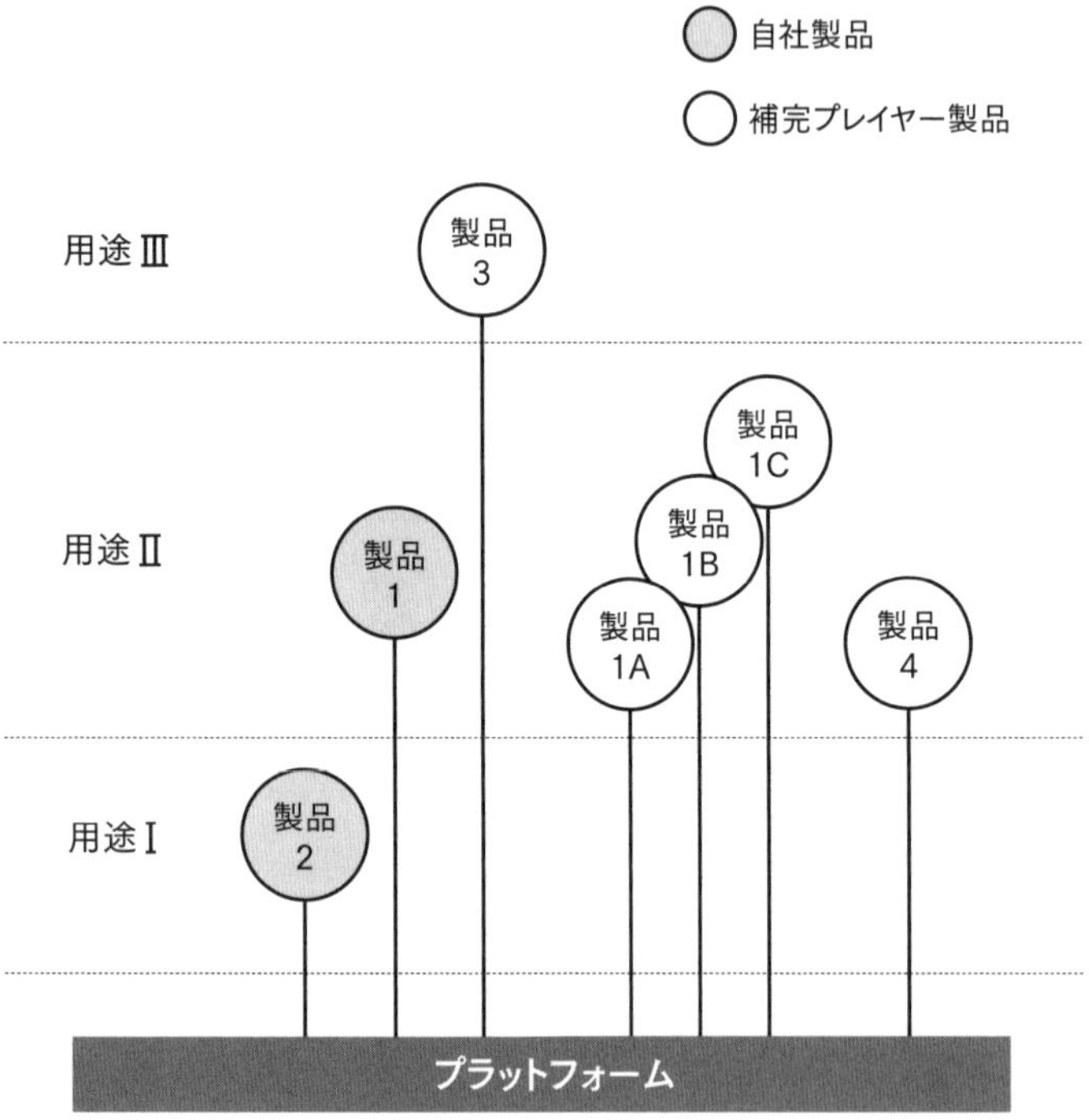

フォームの上に乗っかることで、製品としての機能を果たすわけです。それがプラットフォームの重要な特徴です。

プラットフォーム型のビジネスは、ずっと昔から存在していました。例えばクレジットカードや家庭用ゲーム機などです。クレジットカードは加盟店がたくさんあるからこそ利用価値があるし、家庭用ゲーム機はソフトが増えると楽しみも増えます。

スマホとアプリの関係もプラットフォームと補完製品です。iPhoneのアプリは、アップル自身が提供しているものもありますが、他社が提供しているもののほうが圧倒的に多い。

消費者向けの製品だけではなく、B to Bのビジネスでもプラットフォームがあります。例えばインテルのチップはプラットフォーム製品です。それを使って、各社がちょっとずつ違うパソコンやサーバーを作っています。

ゲーム機、iPhone、あるいはインテルのチップは、補完製品の基盤になるという意味で「基盤型」プラットフォームといえます。

楽天トラベルのような宿泊予約サイトやヤフオク！のようなオークションサイトもプラットフォームと考えていいでしょう。楽天トラベルの場合は、仲介サイトというプラットフォームの上に、ホテルや旅館が情報を出して、お客さんを集めている。ホテルや旅館が参加してくれて、はじめてお客さんにとって意味のあるサイトになる。ヤフオク！も出品者がいるからこそオークションが成り立ちます。クレジットカードは加盟店と消費者を出会わせ、ＳＮＳは投稿者同士を出会わせます。

これらのプラットフォームは、異なる利用者同士が相互作用する仕組みを提供するという意味で、「媒介型プラットフォーム」といえます。

媒介型プラットフォームにも基盤機能のあるものがあり、基盤型プラットフォームにも媒介機能のあるものがあります。このプラットフォームは、実際には融合し始めています。

１人勝ちしやすい

プラットフォームという考え方が注目を浴びるようになった理由の１つは、パソコンのＯＳにおけるWindowsの圧勝です。Windowsはアプリケーションソフト（補完製品）があってこそ意味がある製品であって、プラットフォームです。

なぜWindowsが１人勝ちしたかというと、それはWindowsを前提にした補完製品があふれて、ほかのＯＳを前提にするエコシステムの価値が低くなったからです。だからWindowsが１人勝ちするという現象が起きました。

デジタルエコノミーの基本戦略

基盤型プラットフォームと媒介型プラットフォーム

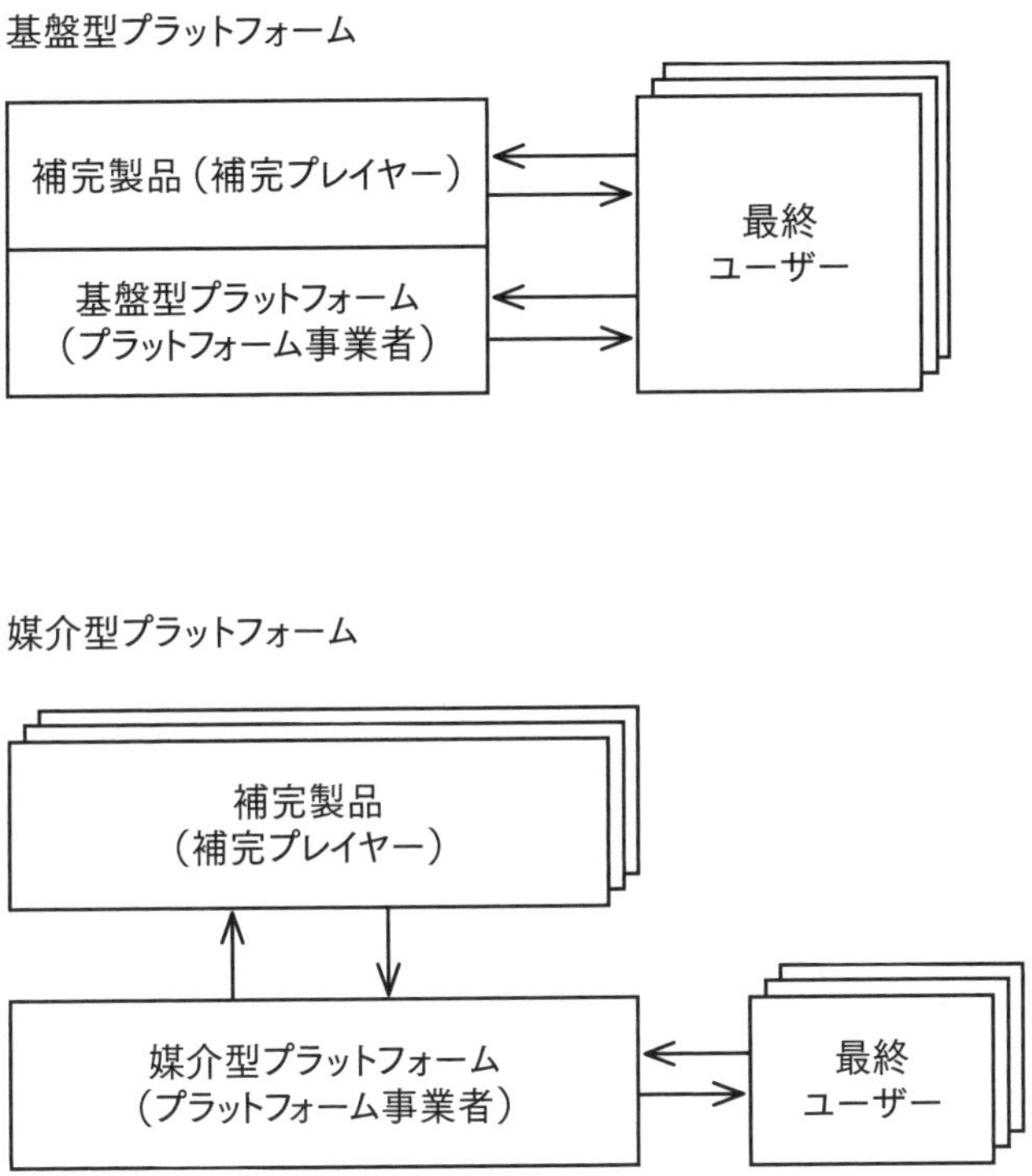

出所：根来龍之監修『プラットフォームビジネス最前線』（2013）

基盤型プラットフォームの例

種類	プラットフォーム	製品例	補完製品	媒介機能
ソフト	パソコンOS	ウィンドウズ マックOS	アプリケーション アクロバット、Quicken、オープンオフィス ハードウェア デル、ソニーバイオ、Mac 周辺機器 キーボード、マウス、ディスプレイ	
ソフト	スマートフォンOS	iOS Android	アプリケーション オーガナイザー、ゲーム 端末 ノキア、ソニー・エリクソン、サムスン 周辺機器 カーキット、ヘッドセット、カバー	利用者同士のコミュニケーション
ハード	チップ	インテル AMD	ソフト OS、特にBIOS ハード 他部品	
ハード	ゲーム	プレイステーション Wii Xbox	ゲームソフト ファイナルファンタジー、スーパーマリオ、Halo 周辺機器 ジョイスティック	対戦ゲーム RPGでの共同チーム
サービス	IaaS	アマゾンAWS Rockspace	ユーザー開発システム 拡張ツール AWS向けの「Chaos Monkey」「Chaos Gorilla」など	SaaSサービス業者とユーザー（企業）とのマッチング
サービス	SNS	フェイスブック ミクシィ	ソーシャルアプリ（ゲーム等） ブラウザー	ソーシャルコミュニケーション

デジタルエコノミーの基本戦略

媒介型プラットフォームの例

機能	相互作用するプレイヤー	製品・サービス例	基盤機能（補完サービス）
仲介	ホテルと利用者 発注者と受注者	予約サイト 楽天トラベル 取引先紹介サイト ラクスル、Alibaba	広告スペース
	登録店と消費者	比較サイト 価格コム 紹介サイト ぐるなび	通販チャネル 加盟店コンサル
	出品者と入札者	オークションサイト ヤフオク！ フリマアプリ メルカリ	
決済	加盟店と消費者	クレジットカード VISA、Master、Amex 電子マネー Edy、iD、Suica	ポイントサービス
コミュニティ	投稿者同士	SNS フェイスブック、LINE、ツイッター、インスタグラム	ソーシャルアプリの基盤、オープンIDの機能
	投稿者と視聴者	動画共有 ユーチューブ、ニコニコ動画	広告視聴
	書込み者と読者	クチコミコミュニティ 食べログ、@コスメ 知識コミュニティ Wikipedia、OKWAVE	通販 情報サービス
	開発者と利用者	開発者コミュニティ Linux 顧客・開発者コミュニティ ドリームライダーズ	

さらには、インターネットの普及とともに、プラットフォーム型ビジネスモデルで1人勝ちする企業が次々と現れました。例えばヤフオク！は、パソコン利用のオークションで1人勝ちに成功しました。

1人勝ちは、プラットフォームだけに起こるものではありません。しかしプラットフォーム型のビジネスは従来型のビジネスに比べて、1人勝ちの状況が生じやすいのです。プラットフォームには、特有の成長加速要因が存在するからです。その中でも重要なものがネットワーク効果です。

2つのネットワーク効果

ネットワーク効果とは、利用者が増えるほど製品やサービスの価値が上がることを意味する経済原理です。典型的な例は電話です。電話は、使っている人が多いからこそ価値があります。もし電話を使っているのが自分だけならば、何の価値もありません。つまり利用者の数が価値の大小を決めるのです。

最近の例としてはＳＮＳ（媒介型プラットフォームサービスの一種）が挙げられます。ＳＮＳは、基本的には登録者同士のコミュニケーションツールであり、自分の知り合いがどれくらい登録しているかどうかが、その価値を大きく左右し

デジタルエコノミーの基本戦略

ます。この現象は、自分と同じ種類のユーザーが増えれば増えるほど価値が増えるので「サイド内ネットワーク効果」といいます（サイドとはユーザーグループのことです）。

かつて家庭用のゲーム機（基盤型プラットフォーム製品の一種）が普及したときもネットワーク効果が働きました。ハードが普及し始めると、いろいろなソフトが出てきて、それがユーザーの便益を増大させたのです。この場合、ソフトのメーカーとゲームの利用者という異なる種類の利用グループが相互作用しながらゲーム機の価値が拡大していくので、「サイド間ネットワーク効果」といいます。

プラットフォームという考え方は、従来、ＩＴ産業、あるいはネットビジネス

2つのネットワーク効果

▶サイド内ネットワーク効果：ユーザーの数が増えると、そのユーザーが属するグループにとって、プラットフォームの価値が向上あるいは下落する現象

- 友達がたくさんいるSNSに自分も加入する

▶サイド間ネットワーク効果：片方のユーザーが増加すると、もう片方のユーザーグループにとってプラットフォームの価値が向上あるいは下落する現象

- ゲームソフトがたくさんあるゲーム機を購入する
- 出品がたくさんあるオークションサイトを利用する

におけるビジネスモデルを説明するものでした。しかし伝統的な産業でも、後述するように、モジュール化、ソフトウエア化、ネットワーク化という要素が入り込んでくると、同じようなことが起こってきます。

例えば自動車のような産業でも、モジュール化、ソフトウエア化、ネットワーク化が起きつつあります。従来プラットフォームとは無縁だった産業でも、今後はプラットフォームビジネスが生まれるかもしれません。

では、プラットフォームビジネスのマネジメントは、通常のビジネスとどう異なるのでしょうか。

一般的なビジネスとの決定的な違い

プラットフォームを理解するうえで重要なことは、補完製品を提供してくれる補完プレイヤーを巻き込むということです。

基盤型の場合は、補完製品を自社でも提供できる場合と、他社に依存する場合では、ビジネスのやり方が違います。補完製品の提供を他社に任せるとなると、その部分は直接コントロールできません。だからビジネスのやり方が難しくなります。

デジタルエコノミーの基本戦略

媒介型の場合は、他者が自分のプラットフォームサービスを使ってくれなければ、そもそもビジネスが成立しません。

つまり、重要なのは補完プレイヤーをやる気にすることです。基盤型の場合は、自社のプラットフォームの上に乗っかる補完製品を、いかにたくさん、よいものを、タイミングよく作ってもらうかというマネジメントが必要になるわけです。媒介型の場合は、いかに多くの人に、また他の人に影響力のある人に、プラットフォームを使ってもらうかが重要になります。

ここにプラットフォームビジネスの本質的な性質があります。補完プレイヤーがやる気になってくれないとうまくいかない。だからプラットフォーム型のビジネスは通常のビジネスと区別して考える理由があります。

わざわざ他社（者）任せにしてコントロールしにくくなる方法を選ばなくてもいいではないか、と思うかもしれません。しかし、プラットフォームビジネスは、補完プレイヤーをうまく巻き込むことができれば、消費者の選択肢が増えます。また自社の投入資源も少なくて済みます。補完プレイヤーの力を得ることで、競争から大きく抜け出すことができる。かつてのパソコン産業におけるWindowsやヤフオク！のような1人勝ち現象が起きるわけです。

逆に補完プレイヤーのマネジメントを間違えると、プラットフォームそのもののデキがどんなに良くても、ビジネスはうまくいきません。補完プレイヤーをやる気にさせないと、あるいは補完プレイヤーを十分に確保できないと、自分の製品がどんなに良くても成功しないのです。

どうすれば好循環が生まれるのか?

では、どうすれば補完プレイヤーがやる気になるかですが、原則的にはプラットフォームを利用するエンドユーザーが増加しないことにはどうしようもありません。

例えば楽天トラベルのような宿泊予約サイトは、たくさんのホテルに登録してもらわなければいけない。ホテルが少ししか登録してない予約サイトには誰も来ません。あるいは自分が泊まりたいと思うようなホテルが登録されてないと、そのターゲットの人は来ない。だから、いかにしていいホテルにたくさん登録してもらうかということが重要です。

しかし、ホテル側からすると、利用者がいるサイトなら登録して部屋を出してもいいけれど、利用者がいないところに登録して部屋を出す意味はない。

要するに、提供者が増えるのと消費者が増えるのと、「どっちが先なんだ」という問題になります。「鶏が先か、卵が先か」という、いわゆるチキンエッグ問題に

デジタルエコノミーの基本戦略

エコシステムの成長は「ぐるぐる回り」

（エコシステム＝プラットフォーム＋補完製品群）

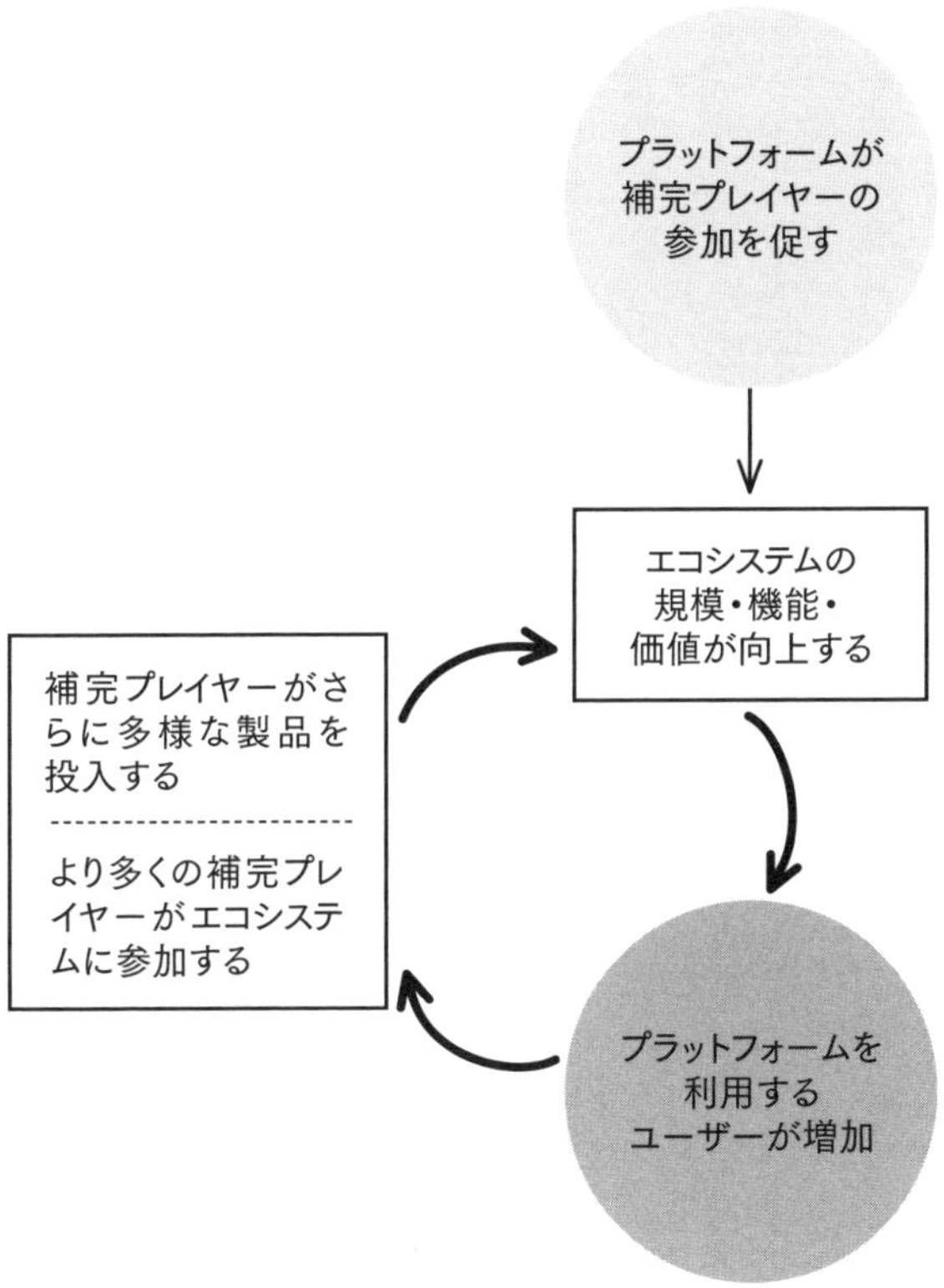

直面するわけです。だから簡単にはホテルの登録も利用者も増えません。

ということは、どちらかを先に増やして、取引の規模を先に拡大したほうが圧倒的に有利になります。逆に言うと、ある規模以上にならないとビジネスにならないという構造にあるわけです。

そのため、ホテルの予約サイトの場合、成功報酬型ビジネスとすることで、まず登録ホテルを増やすことが優先されました。一方、ゲーム機ビジネスでは、まずユーザー数を増やすために時には原価割れでゲームハードが販売されます。

あるいは数は少ないけれども、いいお客さんがいるということになると、補完プレイヤーがやる気になることもあります。例えばクレジットカードで言うならば、相対的に高所得者のカードホルダーが多いということになると、利用者の数は小さくても加盟店にとって魅力があります。

つまり、プラットフォームの成長は「ぐるぐる回り」なのです。魅力的なユーザーがたくさんいないと補完プレイヤーはやる気になってくれない。やる気になってくれないとエコシステム全体の規模や機能、価値が向上しない。エコシステム全体の規模や機能、価値が向上しないとプラットフォームを利用するユーザーが集まらない。

このように循環的な構造を持っているビジネスは、最初の立ち上げが重要です。あるいは早くやったほうが有利というのが一般法則です。そして、ぐるぐる回りがうまくいくと1人勝ちになるわけです。

1人勝ち現象が起きるのは、補完プレイヤーが「勝ち馬」に乗ろうとするからです。そして、補完プレイヤーの動きが、積もり積もって大きな影響を及ぼすこともあります。

バリューチェーン型ビジネスモデルとの違い

プラットフォームの特徴をさらに深く考えるために、バリューチェーン型ビジネスモデルとの違いを考えてみましょう。

バリューチェーンというのは、わかりやすく言うと、自動車などの完成品メーカーが部品メーカーを選択して仕入れて、最終製品を仕上げて、消費者に提供する構造を指します。つまり、素材→部品→完成品のように、消費者に至る工程がチェーンのようにつながっています。消費者が選択するのは基本的に完成品で、完成品を手に入れれば使えます。消費者の選択範囲は、最終提供者が提供するモデルやオプションの範囲に限られます。

これに対してプラットフォームの場合は、消費者はプラットフォームだけではなくて、補完製品も選ぶことになります。このように、産業内の補完関係の選択が消費者に任される構造を「レイヤー構造」と呼びます。レイヤー構造になると、消費者の選択権が広がります。

バリューチェーン構造とレイヤー構造は違います。その決定的な違いは、消費者のポジションの違いです。プラットフォームの場合は、消費者が直接各レイヤーの製品を選ぶ性質があって、そのことが製品多様化に対して影響を与えます。

旅行予約の場合、旅行会社がホテルを決めて、部屋を仕入れて、交通手段と組み合わせて、パッケージにして売るというのは、バリューチェーン構造です。これに対して、楽天トラベルのように、プラットフォーム型の場合は、お客さんが自由にホテルや旅館を選ぶことができます。

この構造は、もともとは、ソフトウエ

バリューチェーン構造

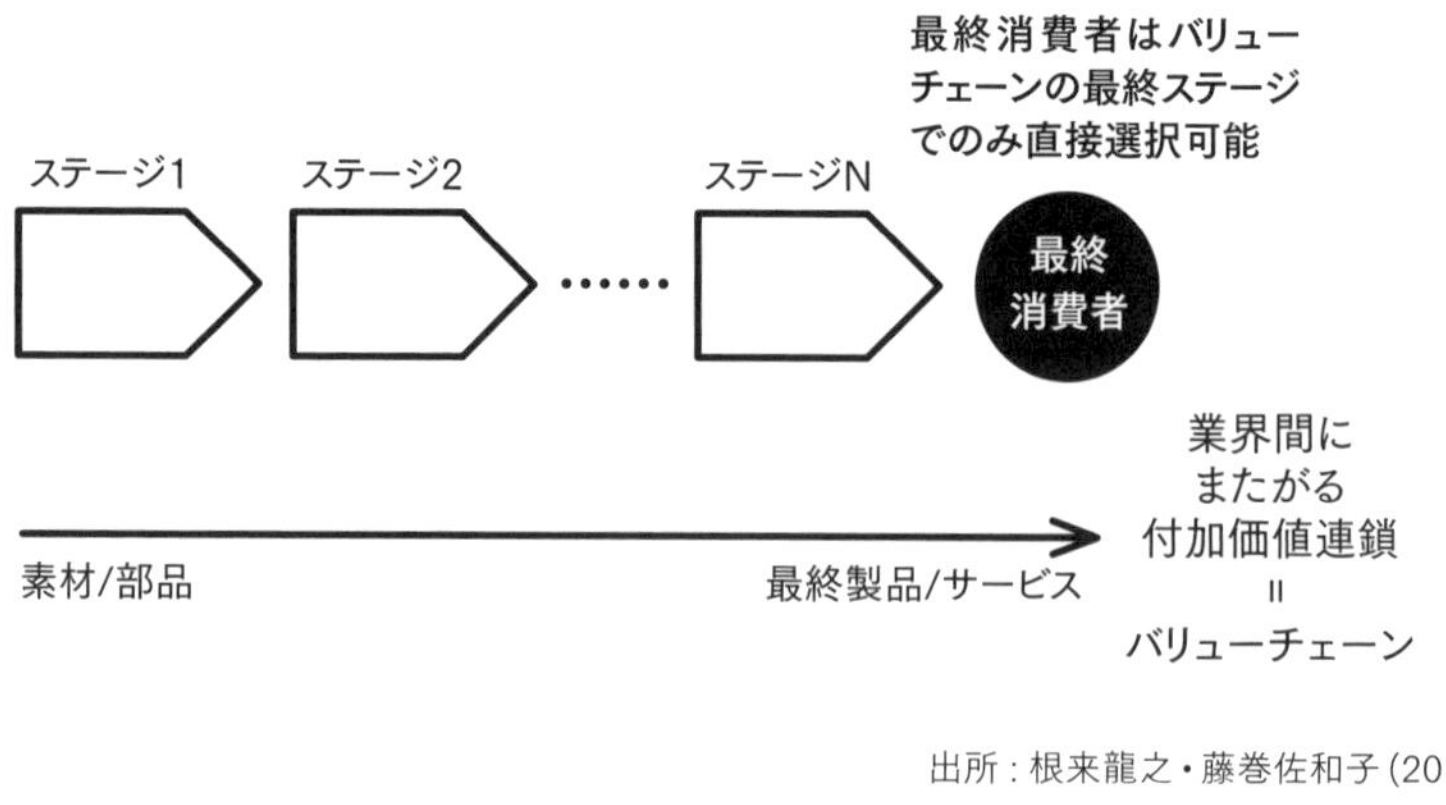

出所：根来龍之・藤巻佐和子（2013）

ア化、モジュール化、ネットワーク化が進んでいるＩＴ産業が先行して作り上げてきたものです。オープン化といわれる現象です。

ソフトウエア化、モジュール化、ネットワーク化が起きないような産業では、レイヤー構造化はそう簡単には進みません。伝統的な物づくり産業はそう簡単にレイヤー構造にならず、バリューチェーン構造でサプライヤーと共同して物を作ることのほうが重要だと思います。

規制緩和によってレイヤー構造化が進む場合もあります。例えば、電力産業では、規制緩和によって消費者は、小売企業を選択できるようになりました。また、例えば関西電力が東京地区でも電気を供給できます。

レイヤー構造

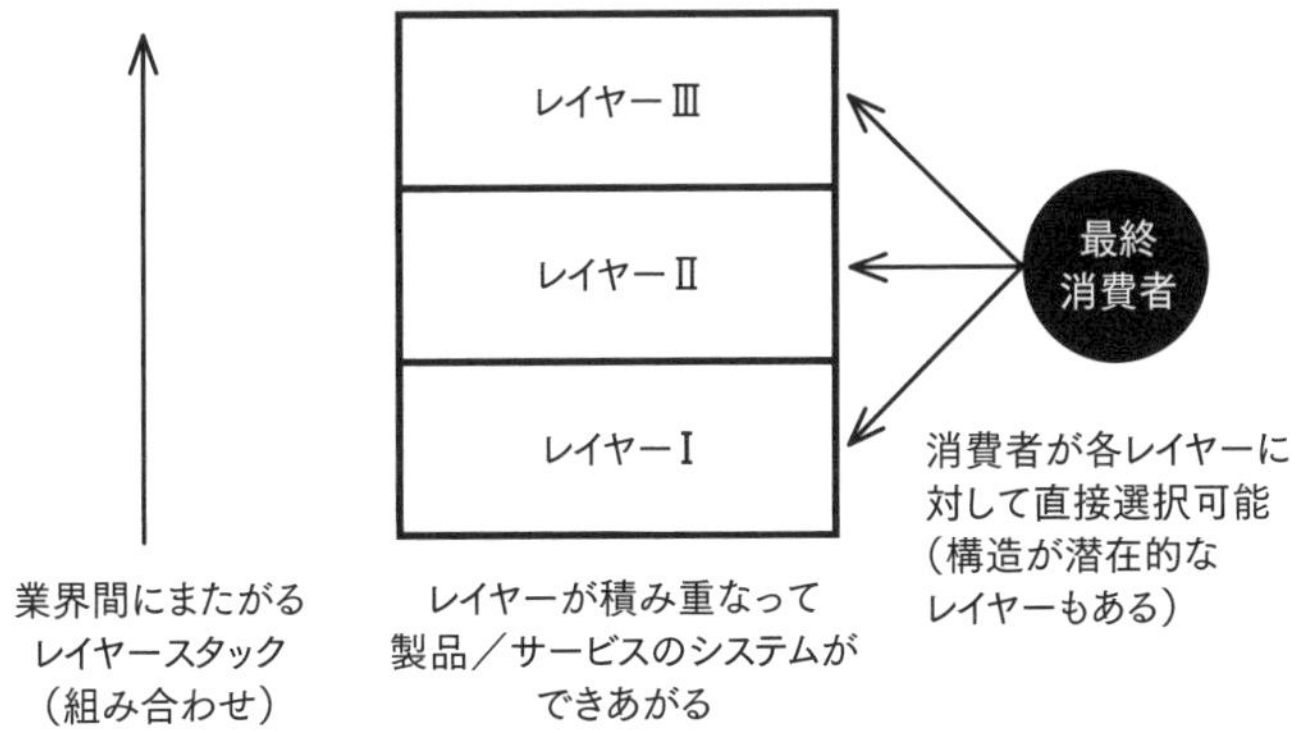

出所：根来龍之・藤巻佐和子（2013）

どちらを選ぶか？

レイヤー構造の産業でも、あえてプラットフォーム型のビジネスにしないという戦略もあります。補完製品を他社に頼らず、全部自分で提供するわけです。その典型が「消耗品モデル」です。プリンターを作っているメーカーがあって、インクカートリッジは他社に提供してもらうことも可能だけれど、自分たちが提供する。インクカートリッジで儲けたいから、ほかの人には作らせたくない。構造はプラットフォームと一緒ですが、あえてプラットフォームにしない選択をしています。アップルはiPhoneのOSを他社にライセンスすることなく、自社ハードにのみ組み込んで販売しています。

ただし、人に作らせたくないと思っても、技術的にはほかの人も作れる場合は、勝手に作る人が出てくることがあります。

プリンターの場合も、インクカートリッジを作って売る業者が出てきて、プリンターメーカーはその排除に躍起になりました。プリンターのインクカートリッジは接合面のところに特許があり、勝手に作るとこの特許に違反するということで、消耗品を独占しようとしている。しかし、それでも、勝手に作られているインクカートリッジが存在する。それは業界構造自身が技術的にはレイヤー構造化しているからです。

ほかの人に作ってもらうときでも、特許などで保護することによって、製造者をコントロールする場合があります。任天堂がどうしてソフトウエア会社からロイヤルティーをもらえるかというと、アタッチする部分のインターフェース技術に特許があって、その特許を使わない限り、任天堂のゲーム向けのカートリッジを作れない。だから、ゲームソフト会社は、ロイヤルティーを払って、任天堂のエコシステムに参加するわけです。

女子高生がiPhoneを買う理由

プラットフォーム製品は、補完プレイヤーの参加、あるいは補完製品のイノベーションを促さないとうまくいかないわけですが、補完プレイヤーに「協力してください」と声を掛ければ素直に反応してくれるというわけではない。資本関係があったりすれば別ですが、そうではない場合は、思い通りには動いてくれません。

では、どうすればいいか。1つのポイントは、補完プレイヤーにとって「やりやすい環境」を提供することです。

例えば、日本の女子高校生にはどこのスマホが人気かというと、圧倒的にiPhoneです。なぜかというと、iPhoneはかわいいアクセサリーがたくさんあるからです。ケースなどの種類が豊富なのです。つまりスマホ市場でiPhoneが強い理由の1つとして、アクセサリーの充実が挙げられて、この点ではAndroidのスマホはなかなか追いつけない。

なぜiPhoneはアクセサリーが充実しているかというと、機種が限られているからです。だからケースなどのアクセサリーを作る補完メーカーは、ビジネスがしやすい。Androidのスマホは機種が多いので、それぞれに合わせてケースなどを作るというのは効率が悪いのです。

実は、海外では日本ほどスマホにケースをかぶせません。この「文化」の違いも日本でのiPhone人気の理由の1つかもしれません。

品質をどうやってコントロールすべきか?

補完製品の数だけでなく、その品質をどうコントロールするのかということも重要です。なるべくコントロールしないという戦略もあり得ますが、ある程度コントロールしているケースのほうがうまくいっています。

たとえば、スマホのアプリの場合、アップルのiOSはアプリケーションをほとんど自分で作らず、他者（社）に作ってもらっていますが、iTunes以外からはダウンロードできないようにしてあります。iTunesに登録する段階で変なものを排除するためです。そういう方法でエコシステムを管理しています。

これに対してAndroidの場合は、Google Playという自分で運営しているアプリストアがありますが、そのほかのところからアプリをダウンロードすることもできます。つまりコントロールが緩いのです。

アップルのようなやり方をすると、最終的にはエコシステムが小さくなる可能性が高い。コントロールしようとすると、なかなか中に入ってきてくれないからです。Androidのように自由にしたほうがエコシステムは大きくなる可能性が強いようです。

ただし、アップルはコントロールがより強固にできるので、変なアプリが入りにくい。いわゆるアダルト系と言われているようなアプリはない。一方、Androidのほうにはそういうものがある。また、iPhoneのほうがウイルスに感染しにくい。つまりコントロールの強弱は、エコシステムの性質や魅力に影響を与えます。

ゲーム機の分野でも、会社によってコントロール方針に違いがあります。任天堂は伝統的にゲームソフト会社をコントロールするという方針を取っています。数を増やすより良いゲームだけをそろえたい。あるいは変なゲームはかえってエコシステムの価値を下げるという認識から、品質の悪いゲームソフトを作らせないという、そういう方針を取っています。しかしソニーのPlayStationはできるだけたくさん作ってもらったほうがいいという思想を取ってきました。

何を他社に対してオープンにすべきか？

プラットフォーム戦略では、「オープンにする範囲」を決めることも重要です。つまり、どのレイヤーについて、どの程度他社（者）の補完製品を受け入れるかを考えることが重要です。

例えばアマゾンの電子書籍事業では、コンテンツストアのKindleストア、ハードのKindle、ソフトのKindleリーダーを提供していますが、クローズドな構造にはしていません。iPadやスマホやパソコンにKindleリーダーをインストールすれば、Kindleストアの本が読める。つまりハードレイヤーはオープンです。

アマゾンは自分でハードを出しているのに、ハードの競合相手に平気でKindleアプリをばらまいている。それも無料で配布している。故意にそうしているので

電子書籍産業におけるレイヤー構造

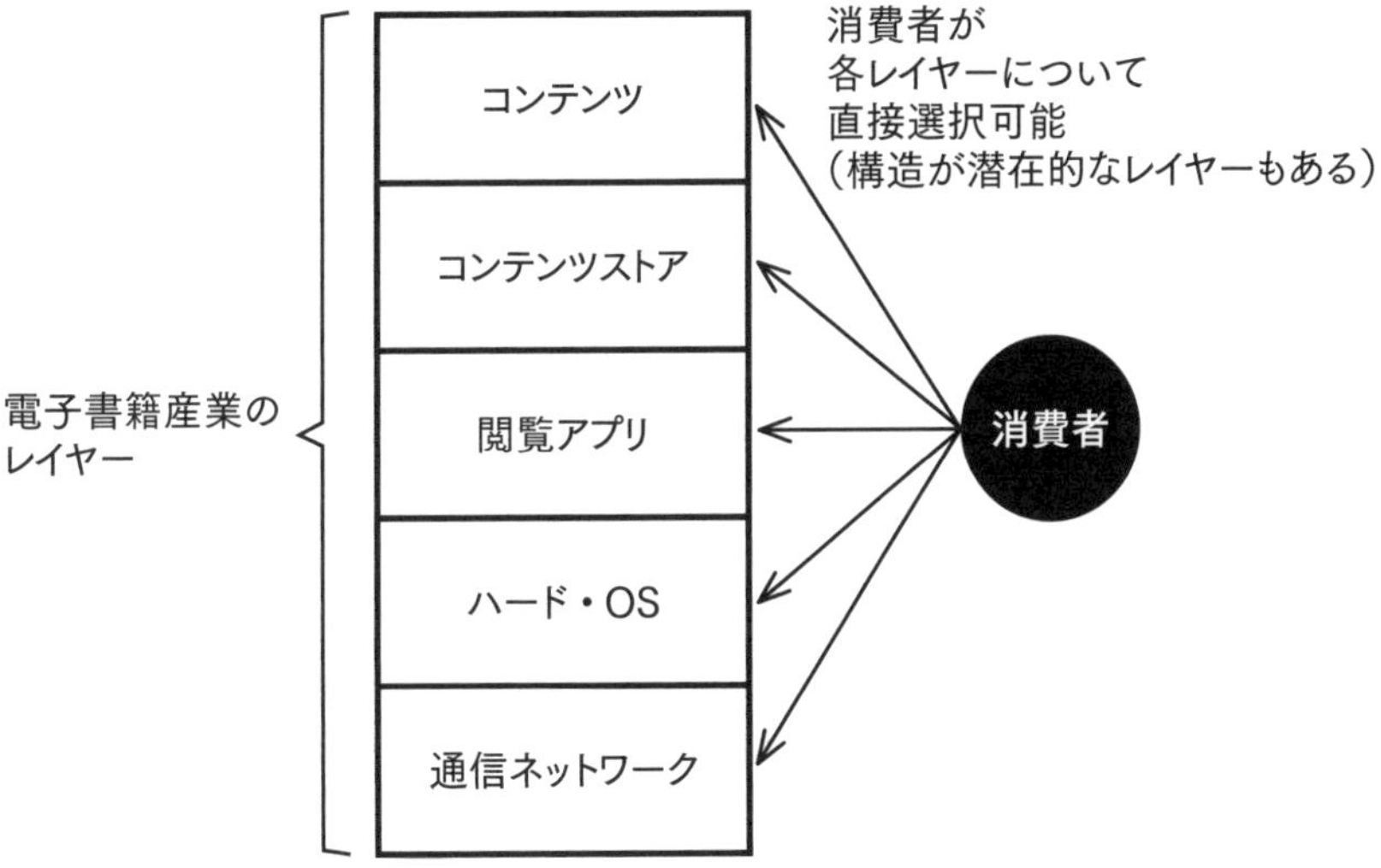

す。だからKindleを買わないで、iPadやスマホでKindleストアを利用している人はたくさんいます。

一方で、Kindleというアプリ（リーダー）は、iPadやスマホの場合もKindleストアで買ったもの以外は読めません。ここをオープンにすることも実はできます。Kindleリーダーを使えばほかの電子書籍ストアで買ったものも読めるようにするというのは技術的には可能ですが、そうはしていない。KindleリーダーとKindleストアの関係はクローズドにしているのです。

なぜ、このようにしているかというと、アマゾンはKindleストアの利用を増やして、そこで儲けようとしているからです。逆にハードで儲ける気はない。つまり、コンテンツ販売で儲けたいというモデルなのです。だからこそハードをオープンにできる。自社のハードは、Kindleストアの普及を促進するための一手段にすぎないと位置付けているのです。

どのレイヤーをオープンにして、どこに参入するかを考えることをレイヤー戦略と呼んでいます。アマゾンのように、一見、ハードとソフトとコンテンツの統合モデルを取っているように見えるけれども、意図的に部分的にオープンにする。そうやってお客さんの選択肢を広げるというやり方が成功する場合があるのです。

あるレイヤーをあえてオープンにするほうが普及は早まります。しかし、そうすると、儲からなくなるということも当然起こってくる。それはプリンターを売って、インクはほかの会社にも作らせるという戦略を取った場合、儲からなくなるだろうというのと同じです。

レイヤー戦略は技術の問題ではなくて、意思決定の問題です。どういうレイヤー戦略を取るかということは、プラットフォームビジネスにおけるとても重要な意思決定なのです。

自動車メーカーは重要な利益源を失う?

自動車産業は伝統的な物づくりのビジネスですが、そこでもレイヤー構造化が起きようとしています。その兆候がどこにあるか。例えばカーナビです。

CarPlayという商品があります。iPhoneと接続するタイプのカーナビシステムで、すでに多くの自動車メーカーが採用モデルを出しています。iPhone のSiriという音声ソフトを使って操作もできます。iPhoneを使い慣れている人には、普通のカーナビではなくてCarPlayを使えるほうがいいだろうということで、そういう選択を可能にする自動車メーカーがある。つまり、カーナビのレイヤーをお客さんが選択できるようにしたということです。

カーナビがiPhoneに置き換わるくらいのことは、大した問題じゃないだろうと思うかもしれませんが、業界の収益に対する影響はバカにできません。

実は、自動車というのは、車を売っただけでは、そんなに儲からないのです。200万円の車を売って、販売店が得られる金額は10万円とか15万円とか言われています。実は自動車そのものの粗利益は少ない。

これに対して、カーナビを1個売ると、半分ぐらいが粗利益になる。20万円のカーナビを付けてくれると、10万円ぐらい儲かるといわれています。だから、純正のカーナビを付けてくれることは自動車業界のプロフィットとしては重要です。カーナビは自動車にとってアクセサリーのように思えるかもしれませんが、利益源としてとても大きい。

ということは、カーナビがiPhoneに置き換わったりすると、純正ナビという利益源を失いかねないわけです。高級車は影響が小さいと思いますが、大衆車のビジネスには大きな問題です。カーナビというのは、自動車のハードの中ではほんの一部にすぎません。しかし、利益源としては大きい。

このように製品全体の中で主要な利益源となる部分というのは、それぞれの産業に特徴的な構造があります。すべてのレイヤーが同じ利益率を得ているわけではないのです。例えばインテルのチップは小さな1部品にすぎませんが、パソコンの中で一番プロフィットを享受してきた。それと同じ構造が自動車産業にもあります。

パソコンメーカーからすると、インテルのチップやマイクロソフトのOSは、一部品にすぎません。しかし、パソコン業界ではインテルやマイクロソフトばかりが儲かるという構造が続いてきた。それと同じように、通信のための車載OSは自動車の一部にすぎないわけですが、それをグーグルに渡した途端に、レイヤー間の利益配分の構造が変化する可能性があります。

あなたの業界ではどういう構造変化が起こる？

自動車業界にとって重要なテーマの1つが自動運転です。自動運転の実現に向けて、いろいろな技術が実用化されようとしていますが、車載用の通信系OSや地図情報などはそれを得意とする企業に頼ったほうがいいのではないかという議論もあります。自動運転というのはデータなしにはできないからです。

例えばグーグルはすでにGoogleマップというサービスを世界的に展開していて、地図情報を大量に蓄積しています。そして車載システム、つまりネットワークにつなげるためのOSも、グーグルに作ってもらったほうがいいのではないかという動きがあります。仮にグーグルが自動運転のOSや地図データを提供するということになると、自動車メーカーの利益源の一部が奪われてしまうかもしれない。

　現状は、スマホをカーナビに使うようになった段階ですが、この先、スマホを通じて、自動車の通信系の部分が、シリコンバレーの会社に握られる可能性もあります。通信系を渡すと、カーナビと自動運転のための地図情報が統合されるでしょう。さらには、通信系のＯＳだけではなくて、運転の制御のためのＯＳまで渡すことになる可能性もゼロではありません。

　ここで述べた自動車業界の未来図は、あくまでも可能性があるという話です。しかし産業のレイヤー化がいろいろな分野で進むとどういうことが起こり得るか、そういうことを考える思考のヒントとしては役立つと思います。

　みなさんの業界ではどういう変化が起こり得るか、ぜひ考えてみてください。


（講義時期２０１５年10月）

参考書籍

『プラットフォームの教科書
超速成長ネットワーク効果の基本と応用』
根来龍之（著）
日経BP社
2017年

Session 4

ダイバーシティ

「何のためにやるのか」のメカニズムを理解する

入山章栄

腹落ち感がない、日本のダイバーシティ経営

いま日本の産業界をあげて話題になっているのが、ダイバーシティ経営です。ダイバーシティとは「多様性」の意味であり、日本では特に女性や外国人を企業内に取り込んで活躍してもらう、という文脈で使われています。「企業が女性の管理職比率を30％にする」という目標を、日本政府が設定しているのは多くの方がご存知でしょう。

ところが、現実には日本企業でダイバーシティは十分に進んでいるとは言いがたい状況です。表向きは賛成していても、「現実には女性を増やすのは難しい」と考える日本企業も少なくないようです。

さらに根本的な問題は、そもそも「何のためにダイバーシティを進めるのか」の理解が企業に浸透していないことです。実際、私も多くの日本企業のダイバーシティ担当者に「御社はなぜダイバーシティを進めるのですか」と聞いてきたのですが、「日本全体の風潮だから」「他社がやっているから」と言った受け身の答えが返ってくることが多くあります。そのような弱い理由では、社内でダイバーシティを進める理由の腹落ち感がないため、結局は進まないというのが現実です。

一方で世界の経営学では、ダイバーシティについてすでに40年以上の研究の歴

「何のためにやるのか」のメカニズムを理解する

史があります。そこでは統計分析等を駆使して様々な研究成果が生まれており、概ねの学者のコンセンサスもあります。ここではその知見を提示しながら、経営学的に考えるダイバーシティの本当の意味と課題を整理しましょう。

タスク型とデモグラフィー型

まず知っておきたいのは、世界の経営学では「ダイバーシティには少なくとも2種類ある」と考えられていることです。それは、タスク型のダイバーシティ(Task Diversity)とデモグラフィー型のダイバーシティ(Demographic Diversity)です。両者の違いを理解することは、非常に重要です。

まず、タスク型のダイバーシティとは、「その人の業務経験や専門性、知識など、その人の内面にある知見・能力などが組織内で多様化すること」です。たとえば自動車メーカーの企画部門に、過去に営業を経験していた人や、財務を経験した人、R&Dにいた人、人事にいた人、海外法人を経験した人などが入ってきて混ざっていることです。あるいは、自動車業界に限らず家電、金融、アパレルなど、多種多様な業界の経験者が混ざっていることです。他にも多様性を生み出すのは大学の専攻でも、趣味でも、得意な言語でも構いません。大事なのは、「人の知見・

経験などが多様化している組織」ということです。

それに対してデモグラフィー型のダイバーシティとは、「男性と女性」「日本人と外国人」「年配の方と若い方」のように、人の外見でわかる属性に基づいたダイバーシティのことです。一般に、日本でなんとなくダイバーシティと思われているのは、こちらのほうでしょう。

このデモグラフィー型とタスク型のダイバーシティがどのように組織に影響を与えるかについては、世界の経営学で様々な研究が行われてきました。そしてこれまでの研究成果の概ねの傾向として、「タスク型のダイバーシティは組織にプラスの影響を与え得る」と主張されています。一方、「デモグラフィー型のダイバーシティは組織にプラスの影響を与えないどころか、場合によってはマイナスの影響を与え得る」と主張されているのです。

なぜタスク型はプラスに働くのか?

なぜ、このような違いが出てくるのでしょうか。まず、タスク型のダイバーシティが組織にプラスになる理由は、セッション1で解説したことそのものです(まだ読まれていない方は、セッション1をお目通しください)。すなわちタスク

「何のためにやるのか」のメカニズムを理解する

型のダイバーシティは「知の探索」につながり、組織に新しいアイデア・イノベーションをもたらし得るからです。

セッション1によると「知の探索」とは、遠くの知を幅広く見て今まで組み合わさっていない知と知を新しく組み合わせることでした。そしてその「知」は、言うまでもなく人間1人1人が持っています。したがって、組織レベルで知の探索をする一番手っ取り早い方法は「なるべく違う経験・知見・アイデアを持っている人たちを1つの組織に集めること」なのです。そうすれば、組織内で新しい知と知の組み合わせが生まれ、やがて新しいビジネスアイデアができて、イノベーションにつながり得るのです。

なぜデモグラフィー型はマイナスになり得るのか?

では逆に、性別・人種・年齢など見た目を重視するデモグラフィー型のダイバーシティは、なぜ組織にマイナスになり得るのでしょうか。それを説明する理論は、主に2つあります。第1が、社会分類理論(Social Categorization Theory)です。これは、人はどうしても心理的に「分類」して環境を捉えてしまう傾向に基づいた理論です。

例えば、みなさんが新しい職場に入ったとしましょう。するとその職場にいる数十人の人を見回して最初に気に止めるのは、「男性が多いな、女性はあの辺に固まっているな」ということではないでしょうか。人はいきなり数十人の1人1人を詳しく知ることができないので、まずは無意識に分類する傾向があるからです。そしてその時には、その人たちの内面は簡単にはわかりませんから、まずは「男性vs女性」「年配の方vs若い方」といった、見た目で区別する傾向があるのです。

すると、例えば中年男性ばかり100人いる会社に、いきなり「ダイバーシティのため」という名目で20代の女性を5人入れても、人は無意識のうちに「中年の男性グループvs若い女性グループ」と、心理的に分類をしてしまいます。

さらにこの傾向を助長するのが、第2の理論であるホモフィリー（Homophily）理論です。これは「人は自分と似た人とつながりがち」という傾向に関する理論です。友達付き合い、人付き合いなどで、我々は自分と似た人とつながりやすい傾向があります。FacebookなどのSNSでも、人は自分と似たバックグラウンドや似た考え方を持っている人とつながる傾向があります。

結果、男性ばかりの組織に女性を何人か入れてみても、だんだん女性は女性同士だけで、男性は男性同士だけでつながりがちになります。組織の中に「男性グループ」「女性グループ」というインフォーマルなグループができて、互いにグループ内だけで情報を回しだすのです。すると例えば、中年男性ばかりの組織に入

「何のためにやるのか」のメカニズムを理解する

った若い女性グループの人たちは、中年男性が持っている会社の重要情報が回らないなど、情報弱者になっていきます。このような経緯で、やがて組織内でグループ間の軋轢が起きて、組織全体のパフォーマンスが上がらなくなっていくのです。

私は、日本企業は女性を増やさなくていいとか、外国人を入れなくていいと言いたいのではありません。むしろその逆で、女性や外国人が増えれば、先に申しあげたタスク型のダイバーシティは高まる可能性が高いはずです。例えば中年男性が多い日本企業に女性や外国人が入れば、そういった方々は中年男性の持っていない新しい知見・経験をもたらすでしょう。それは知の探索となり、イノベーションにつながりえます。

しかし他方で、これはデモグラフィー型のダイバーシティの負の効果をも顕在化させます。ですから、ダイバーシティ経営を進める上では、「タスク型のプラス効果を意識する一方で、デモグラフィー型のマイナス効果を取り除きながら女性・外国人を取り込むこと」が重要なのです。このメカニズムが理解されていないために、多くの企業で女性活用・外国人活用が名ばかりになっている、というのが私の理解です。

デモグラフィー的な対立軸を見えなくする

ではこれらの考えを前提に、日本企業のダイバーシティ経営はどう進めればいいのでしょうか。これもいろいろな考え方がありますが、重要な視点の1つは「組織内のインフォーマルなグループを消してしまうこと」だ、と私は考えています。

例えば経営学には、フォルトライン理論（Faultline Theory）という視点があります。例えば、40～50代の中年男性が多い日本企業に、40代の女性が数人入って来ると、先ほど申し上げたメカニズムで、「男性vs女性」の対立軸ができて、組織内にグループができてしまいます。しかしここに、「40代男性だけどアメリカ人」を入れてみると、「男性vs女性」という対立軸に加えて、「日本人vs外国人」という軸が出てきます。さらに、今度はそこに「20代のインド人女性」を入れたりしてみると、今度は年齢の対立軸も出てきます。

先ほどから述べているように、人は認知に限界があるので、どうしても「男vs女」と言った違いの軸で、周囲の人を分類します。しかしそこに外国人や若い人などを入れて、いろいろな「次元の違う軸」ができると、「男と女」という軸だけにこだわれなくなるので、むしろ認知的に組織内グループを作れなくなっていくのです。

「何のためにやるのか」のメカニズムを理解する

これがある程度実現できているのが、多様な次元の軸で多様な人がいるアメリカ・カナダという社会ではないでしょうか。私はアメリカの大学で働いていましたが、そこには50代の学生もいるし、年齢も、性別も、もちろん人種もばらばらです。あまりにもばらばらな人たちの集まりなので、結果的に心理的なグループができなくなるのです。

ですから、もし日本企業がダイバーシティ経営を進めたいのであれば、そのためのカギは「とにかく徹底的にやる」ことだ、と私は考えます。中年の日本人男性ばかりの組織に女性を15％入れておしまいにするのではなくて、そこに外国人も加えていくとか、年配の女性も入れていくとか、ＬＧＢＴの方にも活躍してもらうとか、とにかく多様な次元の多様性がもたらされるまで、徹底的に進めることです。そうすれば、デモグラフィー型のマイナス効果を下げながら、タスク型ダイバーシティのプラス効果が発揮できて、「ダイバーシティ経営」が回るようになるはずです。

グーグルやトヨタはここまでやっている！

このような「ダイバーシティ施策の徹底化」を進めている会社には、例えばグーグルがあります。以前、同社の人事担当者の方とお会いした時に、その方は「グーグルはダイバーシティのためにダイバーシティをやっているのではありません。我々はイノベーションのためにダイバーシティをやっているのです」と明言されていました。彼らは、イノベーションを生み続けるために大事なことはダイバーシティだ、と知っているのです。まさにタスク型のダイバーシティによる、知の探索です。だからこそグーグルには女性も、外国人も、ＬＧＢＴの方も、障害者の方も多くいるのです。

しかし一方で、これはデモグラフィー型ダイバーシティのマイナス効果も顕在化させ得ます。だからこそグーグルは、スタンフォード大学の研究者と一緒に「どうやったら組織内グループを作らせないか」についての研究を行い、その成果を研修などを通じて社内で徹底的に植え付けるなどしているのです。米国のグーグルですらここまでやっているのですから、日本企業が徹底的に取り組まないで、ダイバーシティ経営が簡単に進むわけがないのです。

もう1つの興味深い事例が、トヨタ自動車です。２０１５年の同社の役員人事で、トヨタ史上初めて、同社の技能職出身である河合満氏が専務役員に登用されたのです（河合氏は２０１７年から副社長に昇格）。技能職というのは、言葉を選ばずに言えばいわゆる「現場のたたき上げ」で、河合氏も公的教育機関における最終学歴は中学校という方です。

「何のためにやるのか」のメカニズムを理解する

でも、この登用がトヨタにとって典型的なタスク型のダイバーシティであることはおわかりしょう。トヨタ自動車でもほとんどの役員は、大学を出た「エリート」です。その中で技能職出身の方を役員にすれば、その方は現場の生き字引のような方ですから、まさに現場の情報が経営陣に入っていくのです。当時、トヨタ自動車の役員人事では外国人女性が役員に入ったことがメディアで話題になったのですが、私の視点からは、河合氏が役員になったことのほうがよほどタスク型ダイバーシティの本質であり、これができるトヨタはやはりすごい会社だな、と思ったものです。

このようにダイバーシティ経営を進めるために重要なのは、「何のためにやるのか」のメカニズムを理解することです。その時には、タスク型とデモグラフィー型の効果を分けた上で、よりダイバーシティを戦略的に活かすことが重要なのです。日本では、「女性の管理職比率30％」と言った数値目標だけが先行してしまい、「何のためにやるのか」の理解と腹落ちがないからダイバーシティが進まないのだ、と私は考えています。ぜひここで解説した点を理解しながら、みなさんにはダイバーシティを戦略的・効果的に活用していただければと思います。

（講義時期２０１５年12月）

Session 5

ブランド

Whyから始める

内田和成

製品ではなくブランドを売る

企業が顧客との関係を考えるときには、ブランドについての理解が大切です。

ブランドとは何かという定義はいろいろありますが、もともとの定義はとても狭い意味です。例えばアメリカン・マーケティング・アソシエーション(AMA)は、「ブランドとは製品やサービスの製造者や販売者を特定するための、ネーム、シンボル、デザインなどを組み合わせたものである」と定義しています。

一方、みなさんがイメージしているブランドの定義というのは、「ブランドエクイティー」「ブランド資産」という言葉の意味に近いかもしれません。フィリップ・コトラーは、「ブランドエクイティーとは、ブランドネームの認知がもたらす製品やマーケティングに対する顧客反応の差異効果のことであり、ブランドの資産価値である。そのため選好やロイヤルティーの獲得能力を測る尺度になる」と定義しています。つまり、同じような商品でも、それを「ほかのより高く買ってもいいな」と思ったら、それはプラスのサインであり、「安くなければ買わない」ということだったら、それはマイナスのサインです。そういったことの積み重ねとしてブランドエクイティーが形成され、それはお客さんの選好に影響し、顧客

Whyから始める

ロイヤルティーの基準になるとコトラーは言っています。

　私は、ブランドとは、もはや製品の一要素を構成するパーツではなくて、もっと全体的なものだと思っています。もともとのブランドの考えは、製品という大きな枠の中の「名前」としてのパーツだったわけです。しかし、今や逆で、ブランドという大きな枠の中にパーツとして製品がある。サービスなどもパーツです。つまりブランドを包括的な上位概念というふうにとらえておいたほうが、経営的には間違いがないと思っています。

　顧客がその製品やサービスにどんな価値や効用を認めるか。それがブランドのバックボーンになっています。あるいは顧客への約束と言えるものです。そういうふうに考えると、ブランドというのは企業が定義

ブランドとは

フィリップ・コトラーの定義

ブランドとは、製品やサービスの製造者や販売者を特定するためのネーム、シンボル、デザインなどを組み合わせたものである。消費者はブランドを製品の重要な一部としてみなしているため、マーケターはブランディングによって製品に価値を付加することができる。ブランドには製品の物理的属性を超えた意味がある。

『マーケティング原理』2003 より
American Marketing Associationの定義に基づく

ブランド・エクイティとは

フィリップ・コトラーの定義

ブランド・エクイティとは、ブランド・ネームの認知がもたらす、製品やマーケティングに対する顧客反応の差異効果のことであり、ブランドの資産的価値である。

そのため、選好やロイヤルティの獲得能力を測る尺度となる。

『マーケティング原理』2003 より

ブランドとは

内田の考え

ブランドとは、もはや製品の一要素を構成するものではない。

顧客価値を支えるバックボーンであり、顧客への約束とも言えるものである。したがって、ブランドとは顧客が認める価値であって、企業が主張する価値ではない。

マーケティングは今や4Pに代表されるマーケティングミックスではなく、企業戦略そのものになっている。

するものではなくて、お客さんが価値を認めないと意味がない。そういうふうにブランドを捉えるべきであるというのが私の考えです。

ブランドは戦略に従う

ブランドには大きく分けて3つのレイヤーがあります。企業ブランド、カテゴリーブランド、製品ブランドです。

1つの事業しかやっていなくて、企業ブランドもカテゴリーブランドも製品ブランドも全部一緒という場合もありますが、大きな会社になるとそれぞれのレイヤーのブランドが違うことが多い。例えばトヨタ自動車は、「トヨタ」が企業ブランドですが、トヨタの中にはカテゴリーブランドがいくつかあります。1つはトヨタ、もう1つはレクサスです。そして、例えばレクサスという事業ブランドの中に、さらに「LS」「GS」「IS」といった製品ブランドがあります。

ブランドを論じるときには、企業ブランドの話か、カテゴリーブランドの話か、製品ブランドの話かということは意識しておく必要があります。

アメリカの企業は、同一のレイヤーで複数のブランドをたくさん持つことが多い。例えば自動車メーカーはカテゴリーブランドを複数持つ代表例です。ゼネラルモーターズ（GM）の中に、シボレー、ビュイック、キャデラックがあります。

消費財メーカーのプロクター・アンド・ギャンブ（P&G）はマルチブランドの元祖と言われていて、同じ洗剤でもアリエール、ボールド、柔軟剤のレノアなど、製品ブランドが何種類もある。

同じ洗剤でそんなに種類があったら共食いになるのではないか、マーケティング費用も二重にかかるからムダではないかと思いたくなります。それなのになぜP&Gがマルチブランド戦略を取ってきたのかというと、他社にシェアを取られるくらいだったら、自分たちのブランドの間で取り合って切磋琢磨することでパイを増やしていったほうがいいという考え方なのです。

P&Gは、洗剤以外にも化粧品のSKⅡなどいろいろなブランドを傘下に持っています。その多くは買収で獲得したわけですが、まさにマルチブランドです。

マルチブランドは、それぞれの頑張りを促しますが、一方で、遠心力が働いて、シナジーが効かなくなるというリスクもあります。

これに対して、1つのブランドで勝負していると、1つの製品に欠陥があったりしてイメージが傷ついたときに、ほかの製品のイメージまで傷つくという、ブランドリスクという問題があります。それを避けるにマルチブランドにしたほうがいいという考え方が昔はありました。

しかし最近は、これだけ情報化社会になると、「このブランドの親会社はここだ」ということがすぐに知れわたるので、マルチブランドにしてもブランドリスクの軽減にはならないかもしれません。

PBとNB

このところ重要なテーマになっているブランドの議論として、ナショナルブランド（NB）とプライベートブランド（PB）の問題があります。ナショナルブランドはメーカーが自社のブランドで既存の流通網に乗せて全国で販売する製品のことを言います。それに対してプライベートブランドは、小売業者がメーカーに委託して生産してもらった製品を小売店独自のブランドとして売ることを言います。

PBというのは小売店がある種の買い取りをしてくれるので、メーカーにとっては、確実に売れるという意味においては大変ありがたいのですが、一方で、PBは一般的にナショナルブランドより安いことが消費者にとってのメリットなので、そうすると売り値も仕入れ値も安くなってしまう。メーカーにとっては自分のナショナルブランドの売れ行きも減ってしまうかもしれない。だから、できればやりたくない。ということで、従来はどちらかと言えばブランド力のないメー

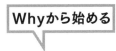

カーが取り組む傾向がありました。

ところが、ほかのメーカーがＰＢを提供することになると、他社メーカー製のＰＢに小売店の棚を奪われてしまうリスクがある。例えば、あるカテゴリーの商品として３つのメーカーのブランドが並んでいたときに、ＰＢが１つ加わると、３番手のブランドははじき出されてしまう。そしてライバルのほうが全体の生産量が増えて生産効率が上がって、コスト競争力で差をつけられる恐れもある。そういうこともあって、多くのメーカーはＰＢ対応に悩むことになります。

もともとはＮＢとＰＢにはそれぞれの役割がありました。新製品というのは開発力のあるメーカーに期待されていて、それがＮＢとして市場に投入される。そしてある程度普及していった段階で、小売店主導でＰＢ商品として安く提供すれば、お客さんにとってもメリットがあるという流れだったわけです。まず、ＮＢの新商品が出て、これがある程度売り上げが上がって、落ち着いたころにＰＢを乗せていく。つまりＮＢとＰＢには時間差がありました。

ところが最近は、ＰＢでもＮＢ以上の高品質を売りにする商品が増えている。その先頭を走るのがセブン‐イレブンです。一般にＰＢはＮＢより値段を安くしていますが、セブン‐イレブンのＰＢ「セブンプレミアム」は品質を追求していて、むしろ値段は高い。それでも売れるというＰＢ商品を次々と送り出しています。従来ＰＢ製品の供給をしていなかった日本コカ・コーラが、初めてのＰＢ商品をセブン－イレブンに供給するなど、同社のPBはどんどん充実しています。

その件に象徴されるように、最近はブランド力のあるメーカーもPBに取り組み始めています。多くのメーカーにとっては、ハムレットの心境だと思います。

一方、小売店側はいかにしてメーカーにPBへの協力を得るかということが戦略的に重要なポイントになっています。ブランドを巡って、メーカーと流通の関係は変わりつつあります。

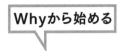

顧客満足度はどう決まるか？

ブランドについて考える際には、顧客満足度の視点が欠かせません。では、顧客満足度はどのように決まるのか。

ある調査結果を紹介しましょう。サービス産業生産性協議会という、日本のサービス業の顧客満足度を調査している機関が、カフェチェーンの顧客満足度をずっと調べています。さて、どこのカフェチェーンの顧客満足度が高いのでしょうか。上位の常連は、どこのカフェチェーンでしょうか。

こういう質問をすると、「スターバックスだろう」と思う人が多いようですが、2014年までの6年間の調査結果は意外なものでした。スターバックスは

2014年に初めてトップになりました。あとはタリーズと、それからコメダが1回ずつトップになっています。残りの3回、トップになったのは、カフェ・ベローチェです。6年間で3回トップになっています。

さて、カフェ・ベローチェがナンバーワンになった理由です。これは顧客満足度がどう決まるかということと関係していると思います。顧客満足度は、事前の期待と実際に利用したときの評価の差で決まります。

例えば、ミシュランの三つ星レストランに行って、味わったことのないようなおいしい料理を期待して1人1万円払ったのに、たいして美味しくなかったり、サービスも平凡だったりしたら、お客さんは満足しません。しかし、期待しない

顧客満足度の決まり方

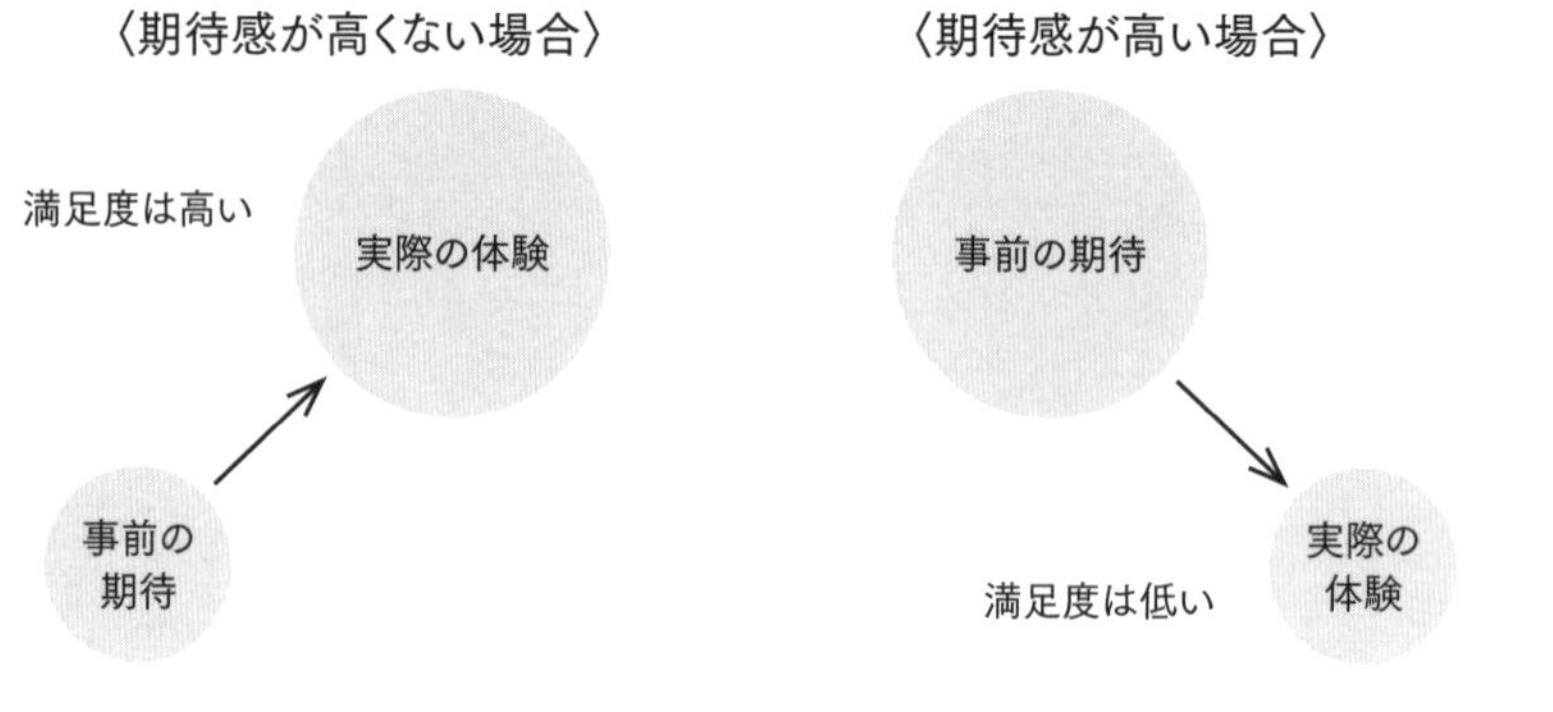

で入った料理屋で1000円の定食を食べたときに、意外に美味しかったら満足するでしょう。

カフェ・ベローチェは、入ってみたらコストパフォーマンスが高かったとか、お得感があったとか、そういうことが満足度につながっているのかもしれません。もともと顧客期待がそんなに高くないけれど、店に入ってみたときの知覚価値やお買い得感が高いということなのだろうと想像できます。

ホテルでも、同じようなことが言えるでしょう。最高級ホテルとして知られるリッツ・カールトンに泊まるときと、ビジネスホテルのスーパーホテルやアパホテルに泊まるときとでは、私たちは同じ水準のサービスを期待していません。最初から高い水準を期待されているところほど、それを上回るサービスを提供することは難しい。しかも人によって求めるものは違う。誰にとっても高い満足を与えることは難しいのです。

天使を抱き、悪魔を見捨てる

そこで重要になるのがセグメンテーションです。つまり、お客さんを分類して、どういうお客さんに満足してもらうかを明確にするということです。すべてのお客さんに満遍なく満足してもらうようなサービスを提供するのではなくて、「自分にとって大事なお客さんは誰か」を考えて、そうではないお客さんに関しては、極端に言うと「来てくれなくてもいい」と思うくらいの割り切りをしたほうが結果的には顧客満足にもつながるわけです。

マーケティングの教科書『コトラー、アームストロング、恩藏のマーケティング原理』の中では、「天使を抱き、悪魔を見捨てる戦略」が紹介されています。アメリカの家電量販店ベスト・バイは、顧客を「収益性の高い天使」と「得られるもの以上の対応コストがかかる悪魔」に分けて、天使を引き寄せ、悪魔を落胆させる手段を取り入れたそうです。

みなさんの会社では、誰が天使で、誰が悪魔か、わかっているでしょうか。誰を大事にするかが明確になっているでしょうか。顧客満足度を高めるためには、顧客の選別というのは重要なポイントです。

「思い」を大事にする

企業がブランド力を高めるための指針を考えるときに参考になる、最近の理論を紹介しましょう。サイモン・シネックという人が提唱しているゴールデンサー

参考書籍

『コトラー、アームストロング、恩藏のマーケティング原理』
フィリップ・コトラー／ゲイリー・アームストロング／恩藏直人（著）
丸善出版
2014年

Whyから始める

クルという考え方です。これは何かというと、多くの企業が事業戦略、特にマーケティングを展開するときにWhat、How、Whyのどこから始めるのかということを示したものです。

Whatというのは、「うちの製品にはこんな機能がある」とか「こんなに品質が良い」ということです。Howというのは、それをどうやって売っていくか、流通させていくか、あるいはどんなプロモーションをしたらいいかということです。Whyというのは、「うちの製品を買うとあなたはこんなにいい思いをしますよ」ということです。

サイモン・シネックによると、今世の中で成功している企業、ブランドロイヤルティーが高いといわれている企業は、Whatからではなくて、Whyから入っていく。

ゴールデンサークル

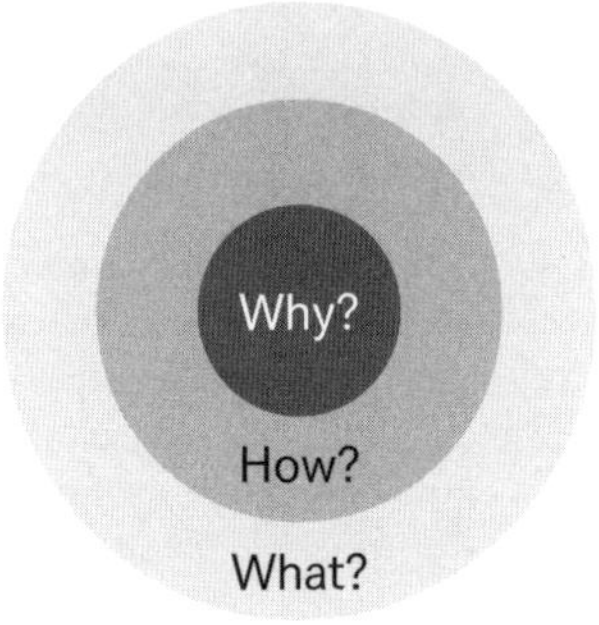

Why?
なぜそうするのか?
(なぜこの事業をしているかの理由)

How?
どうするか?
(そのために行っている独自の方法)

What?
何について?
(結果として生まれる製品やサービス)

出所:サイモン・シネック『WHYから始めよ!』

つまり、「我々は何を目指しているのか」ということから始めて、「それを具現化するためにはどういう方法が必要なのか」を考えて、それを具体的に製品サービスに落とし込むというわけです。

別の言い方をすると、まず目的を明確にして、プロセスを考えて、最後に製品に落とし込んでいく。こういうふうにアプローチしている企業が、消費者の心を捉えているというのがこのサイモン・シネックの指摘です。

彼はその例としてアップルを取り上げています。例えば携帯音楽プレイヤーのiPodを発売したとき、ソニーのウォークマンなどに比べると後発で出てきたわけですが、そのときに「ソニーとはこんなに差別化された携帯音楽プレイヤーが出ました」というふうに言ったら、これほどアップルは成功しなかったのではないかというのがサイモンの理屈です。アップルはそうではなくて、「音楽ライブラリーを持ち運べるようにしよう」「音楽を楽しみたい人に、ユーザーフレンドリーで使いやすい、操作しやすい音楽プレイヤーがあったら喜んでもらえるんじゃないか」と考えて、あのiPodができた。

私がiPodを見たときに一番びっくりしたのは、説明書がないことです。「エレクトロニクス製品で説明書がないなんて、こんなのありかよ」と。人をばかにしているんじゃないかと思ったのですが、早稲田大学ビジネススクールの同僚の山田英夫先生に「人は、製品カタログの見方で2つのタイプに分けられる。表から

参考書籍

『WHYから始めよ!
インスパイア型リーダーはここが違う』
サイモン・シネック(著)、栗木さつき(訳)
日本経済新聞出版社
2012年

Whyから始める

順番に見ていく人と、裏の性能表（スペック）から見る人だ」と言われて、なるほどと思いました。

私はガジェットおたくで、裏の性能表から見るタイプですが、iPodのターゲットユーザーはそういう人ではない。音楽を楽しむことが重要な人たちです、そしてiPodにさわっているうちに、円形のタッチパネルをぐるぐる回すとメニューが出てきたり選曲できたりすることがわかって、説明書なんて読まなくても音楽が楽しめる。そういう非常にユーザーフレンドリーなところは、iPhoneやiPadにつながっている。サイモン・シネックの言っているゴールデンサークルというのは、そういうことを意味します。

「順番を変えただけ」に意味がある

日本コカ・コーラの「い・ろ・は・す」というミネラルウォーターも、Whyから始めた成功例と言えるでしょう。それは『コカ・コーラ流100年企業の問題解決術』の中で紹介されています。水は、コモディティーの最たるものですが、「い・ろ・は・す」は若い人たちに熱狂的に支持された。それはどうしてかというと、「環境にやさしい」ということをうまく伝えたのです。

参考書籍

『コカ・コーラ流 100年企業の問題解決術』
デビッド・バトラー／リンダ・ティシュラー(著)、
北川知子(訳)
早川書房
2015年

これを私なりに解釈してみます。まず、い・ろ・は・すがどうして環境にいいのかというと、今までのペットボトルに比べて材料の使用量が4割少なくて、石油の使用量を減らせるので、地球環境にやさしい。おまけに、薄くて柔らかいので、飲み終わったら小さく圧縮できるから、回収容器のスペースを取らない。だから我々のこの製品は非常にいいんですよということで、それが若者に熱狂的な支持を得た。水なのに指名買いされるようになった。

それをサイモン・シネックの言うゴールデンサークルの視点から捉えると、最初に「うちの水はほかの水と違います」と言うのは、これは普通の製品差別化で、Ｗｈａｔから入るやり方です。「い・ろ・は・す」はそうではなくて、「我々は地球にやさしいことをしている」と、Ｗｈｙから始めた。共感する人は一緒に買ってくださいというアプローチをした。「今地球は大変なことになっています。だから我々もそういう地球の環境を守るために努力したい」という思いがあって、石油資源の消費量を抑えて、ごみの量がかさばらないような商品を作りました、というようなマーケティングをした。

順番を変えただけじゃないかと言われると、その通りです。でも、それが重要なんです。

Whyから始める

シンボリック・ストーリーを武器にする

優れたブランドには、人に話したくなるようなストーリーがあります。それを私たちはシンボリック・ストーリーと名付けました。私が監修した『物語戦略』という本で詳しく解説しています。

例えば、日本のネスレには、キットカットの受験キャンペーンのストーリーがあります。九州の方言では「きっと勝つ」が「きっと勝つとぅ」になるということで、九州の受験生の間でキットカットがゲン担ぎアイテムになって、受験シーズンに売れるようになった。その話が本部に報告されて、「これは全国で使える」ということで、キットカットの受験キャンペーンが始まったそうです。こういう話は、社内外のいろいろなところで語り継がれていきます。

こういうふうに、印象的で、何となく人に伝えたくなるというストーリーというのは、ブランド形成の重要なファクターになります。

シンボリック・ストーリーの中には、伝説化しているものもあります。

例えば「タイタニックのルイ・ヴィトン伝説」です。ルイ・ヴィトンはもともと貴族などのお金持ちが旅行するときのトランクを作っていて、タイタニック号

参考書籍

『物語戦略』
岩井琢磨／牧口松二(著)、
内田和成(監修)
日経BP社
2016年

のお客さんの中にもルイ・ヴィトンのトランクに衣装を詰めて乗り込んできた人がたくさんいた。そしてタイタニックが沈没しても、ルイ・ヴィトンのトランクは沈まず海に浮かび、それにつかまって助かった人がいたそうです。さらには、後年、海の底のタイタニックから回収されたルイ・ヴィトンのトランクを開けてみたら、中身は濡れることもなくもとのままの状態だったというのです。話の真偽はわかりませんが、これはルイ・ヴィトンのトランクがいかに丈夫で長持ちするかということを伝えるストーリーとして語り継がれています。

私は20年ぐらい前に、なぜ若い女性がルイ・ヴィトンのバッグを買うのかということを調べるためのヒアリングをしたことがあります。ヒアリング対象は、学生、20～30代のＯＬさんなどでした。彼女たちから見ると、５万円から10万円もするバッグは高い。１万円か2万円も出せば、そこそこのバッグが買えるのに、どうしてルイ・ヴィトンの高いバッグを買うのかを聞いてみました。そうしたら彼女たちの答えは、ルイ・ヴィトンのバッグは丈夫で、10年でも20年でも持つので、実はコストパフォーマンスが高いというわけです。

みんなが本当にそんなに長く使うとも思えませんが、でも彼女たちの頭の中には、自分がルイ・ヴィトンを買うことの納得感が必要です。そのときに、「おしゃれをしたい」ということではなくて、「いいバッグは長持ちするから、決してムダな買い物じゃない」と思えることは重要です。

タイタニックのルイ・ヴィトンの話は、そういう「丈夫で長持ち」という話とリンクしています。彼女たちがタイタニックの話を知っていたかどうかはわかりませんが、そういうふうにルイ・ヴィトンのイメージがうまく伝わっていることは高い価格でも売れる理由の1つだと思います。

前述したゴールデンサークルの理論は、人は基本的に自分で納得しないと物を買わないと言っています。ルイ・ヴィトンのシンボリック・ストーリーは、まさにそういうところにつながるのではないかと思います。

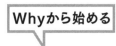

顧客のブランド認識はどう作られる?

タイタニックのルイ・ヴィトンと同じように、伝説になっている物語としてよく語られるのがノードストロームというアメリカの百貨店の物語です。本当かうそかわからないような逸話がたくさんあって、例えば、ノードストロームで扱っていない商品をお客さんが所望されたときに、店員は「承知しました」「ちょっと探してきます」と言って、よその店まで行って買ってきてお客さんに販売したという話があります。

さらには、ノードストロームに自動車タイヤを転がしてやってきたお客さんが、

「サイズを間違えたから返品したい」と言ったので、それに応じたそうなのですが、実はノードストロームではタイヤなんて扱っていなかったという話もあります。

　これらの物語は、真偽はわかりませんが、ノードストロームの顧客本位の姿勢などに関するイメージを膨らませてくれます。ノードストロームがそのような対応を強みにしていることは真実だと思えてきます。

　ここで重要なことは、こういう話が本当かどうかということではありません。お客さんの感覚や認識がどういうふうに形成されるのかを理解することが重要なのです。印象的で、何となく人に伝えたくなるストーリーというのは、ブランド形成の重要なファクターになります。「物語」をうまくテコにすることは、競争戦略上の重要なテーマです。

従業員の意識に組み込まれていく

　先ほど、カフェチェーンの顧客満足度の調査でカフェ・ベローチェの評価が高いという話をしましたが、この話を大学のゼミなどでするとものすごく反発して「この調査はおかしい」と言う人がいます。それは誰かというと、スターバックスでアルバイトしている学生です。彼らから見ると、「スターバックスの顧客

Whyから始める

満足度が1番でないわけがない」と思うのです。彼らはスタバ愛がとても強い。その理由は、シンボリック・ストーリーに関係していると思っています。

スターバックスにはいろいろなストーリーがあります。私が面白いなと思うのは、スターバックスはアメリカの上場企業でありながら、ステークホルダーの優先順位は、アメリカ的ではない。アメリカの上場企業は、普通、優先順位の1番は株主です。ところがスターバックスは、1番が従業員、2番が顧客、3番が株主です。アメリカ企業としては非常に珍しい優先順位です。

スターバックスがどうしてそういう考え方をしているかというと、そ

シンボリックストーリー

戦略に合致するか？

人に話したくなるか？	Yes	No
Yes	**シンボリックストーリー** 企業の強みを象徴する物語	**トリビア** 話題にはなるが送り手にとっては無意味な話
No	**自慢話** 送り手の熱が入るほど受け手にとっては迷惑な話	**無駄話** 送り手にとっても受け手にとってもどうでもいい話

れは彼らのビジネスモデルとリンクしています。スターバックスは、自分たちの店を「サードプレイス」(第3の場所）と位置付けています。家庭が第1、職場や学校が第2、そしてスターバックスは第3の場所として、家庭や職場とは違うくつろぎを提供するのが自分たちのビジネスだというわけです。

従業員が仏頂面だったり事務的だったりしたら、お客さんはくつろげません。お客さんにくつろいでもらうためには、従業員が楽しそうに生き生きと働いてないといけない。従業員が生き生きと働けば、お客さんも喜んでもらえるし、また来てくれる。結果として会社の業績も上がるから株主が喜ぶはずだという考え方です。

昔の日本の経営者が聞いたら泣いて喜びそうなことをスターバックスは言っている。それが創業の物語などと結びついて、スターバックスは何を大事にしているのかということを非常にわかりやすく伝えています。

こういうシンボリック・ストーリーというのは、今日これを聞いた人が、明日にでも人に話せるような話ですね。だから、いつの間にか世の中に広まって、その会社のイメージを作り上げる役割を果たしていく。

ただし、伝えたくなるとか、「いいね!」を押したくなるだけではなくて、それによって企業のビジネスモデルや仕組み、システムというのが理解できるというのが大事なところです。単なる面白い話とは違って、企業の戦略に直結している。優れたブランド価値を提供できる会社というのは、ビジネスモデルや戦略と結びついたシンボリックな話を持っていることが多いのです。

（講義時期2016年1月）

Session 6

コーポレートガバナンス

良い経営と企業理念

浅羽 茂

日本企業の取締役会は問題あり？

２０１５年に東芝の不正会計事件が表面化しました。そのときイギリスのビジネススクールのある先生が、「日本企業は取締役会の構成に問題があるから、こういう事件が起こった。他国に比べて社外取締役の数が少ないのではないか」というような趣旨のことを言いました。つまり、東芝の事件の背景には、日本のコーポレートガバナンス（企業統治）が抱える共通の課題があって、そういう問題が起きないようにするには、コーポレートガバナンスの体制や仕組みを改善しなければいけないのではないか、という問題提起だろうと思います。

この問題提起をどう捉えたらいいのでしょうか。やはり不正会計はコーポレートガバナンスがしっかりしていれば防げたのでしょうか。あるいは、もっと別の問題があるのでしょうか。ここでは、いくつかの視点から考えてみましょう。

そもそもコーポレートガバナンスとは何かというと、その説明はいろいろですが、ここでは２０１５年にスタートした「コーポレートガバナンス・コード」における定義を紹介しましょう。コーポレートガバナンスとは、「会社が株主をはじめ顧客、従業員、地域社会等の立場を踏まえた上で、透明、公正かつ迅速、果

良い経営と企業理念

断な意思決定を行うための仕組みを意味する」というふうに書いてあります。

東芝は、実はコーポレートガバナンスの先進的な会社だと言われていました。2003年には委員会等設置会社にいち早く移行していたのです。

委員会等設置会社というのは、取締役会の中に、社外取締役が過半数を占める3つの委員会（指名委員会・監査委員会・報酬委員会）を置く会社です。この3つの委員会が、取締役の選任案の決定、取締役と執行役に対する監査、取締役と執行役の報酬の方針決定などの役割を担います。そして取締役会が選任する執行役が、取締役会から権限委譲を受けて業務執行を行う形態の会社のことです。この形態は、より優れたコーポレートガバナンスを実現するとされています。

しかし、東芝は、不正会計事件を防ぐことは

コーポレート・ガバナンスとは

コーポレート・ガバナンスとは、会社が、株主をはじめ顧客・従業員・地域社会等の立場を踏まえたうえで、透明・公正かつ迅速・果断な意思決定を行うための仕組みを意味する。

（東京証券取引所、『コーポレートガバナンス・コード』）

できませんでした。

監査法人にできることは限られている

東芝の事件では、企業統治の一端を担う関係者として、監査法人にも問題があったのではないか、という議論もありました。

この点について、日本の著名な会計学者は、次のようなことを言っています。

「東芝の事件では、内部告発があって、第三者委員会が調査をしたが、１００人のスタッフを投入して、２カ月かけて。それでようやく会計の不正を見つけた。普通の監査であれば、そこまではやりません。せいぜい抜き取りチェックをするくらいしかできません。監査には、そんなにたくさんのスタッフも、あるいはお金もかけられません」と。

もちろん、監査法人は気になるところをしっかり調べるでしょうし、不正を見抜くスキルを高めていくというのは当然必要だと思いますが、それでも万全のチェックができるかというと、そうではない。それはもう少し言えば、仕組み、あるいはチェック体制で不正を見抜くというのはなかなか難しいということです。

そうすると、そもそも不正が起きていないかどうかをチェックするのではなくて、不正を起こさないように、意識を高めたり、モラルを向上したりするということが重要だということになると思います。この点については、後ほどあらためて取り上げます。

社員に目標達成を求めてはいけない?

東芝事件では、不正会計の背景には「チャレンジ」の問題があったとも指摘されました。

例えば、調達部門で、ある社員は「これをもう少し改善しろ」というふうに言われて、「何とかします」というふうに答えました。しかし、いろいろ考えてみて、「そもそも不可能な目標設定だ」と思ったので、会議の場で「できません」と言ったら、「お前、やると言ったじゃないか」「その目標を達成する方法を出すと約束したじゃないか」「それなのに何でやってないんだ」とひどく怒られたという話です。そして追い詰められて、調達コストをごまかしたそうです。

チャレンジというのは、部下に対して少し高めの目標を与えて、その達成を求めることです。部下にプレッシャーをかけて目標を達成させるというのは、どこの会社でもやっていることだろうと思います。チャレンジ自体はどこの会社にもあるでしょう。あるいはもっとハードルが高いチャレンジを求められているかもしれません。

しかし、厳しい目標が与えられて、担当者が追い詰められるようなことがあったとしても、それが不正会計に結びつくかというと、そこにはギャップがあります。普通の会社では、チャレンジというのは、一生懸命がんばって、今回はだめだったとしても、新しい方法を考えたりして、ストレッチにつなげていくということだと思います。

ところが東芝の場合は、チャレンジが不正会計に結び付いてしまった。これは個々人の弱さなのか、企業の風土なのか。それはわかりません。いずれにせよ、モラルの問題、社風、あるいは意識がすごく大事だということになると思います。

人事評価ポリシーの影響力

ここで参考になると思うのが、ＧＥの人事評価です。ＧＥの人事評価は、次のようなマトリックスになっています。縦が業績、横がバリューです。バリューというのは、ＧＥが考える価値を共有しているかどうかです。

つまり、業績が高くても、バリューを理解していない人は評価しない、という

良い経営と企業理念

GEの人事評価

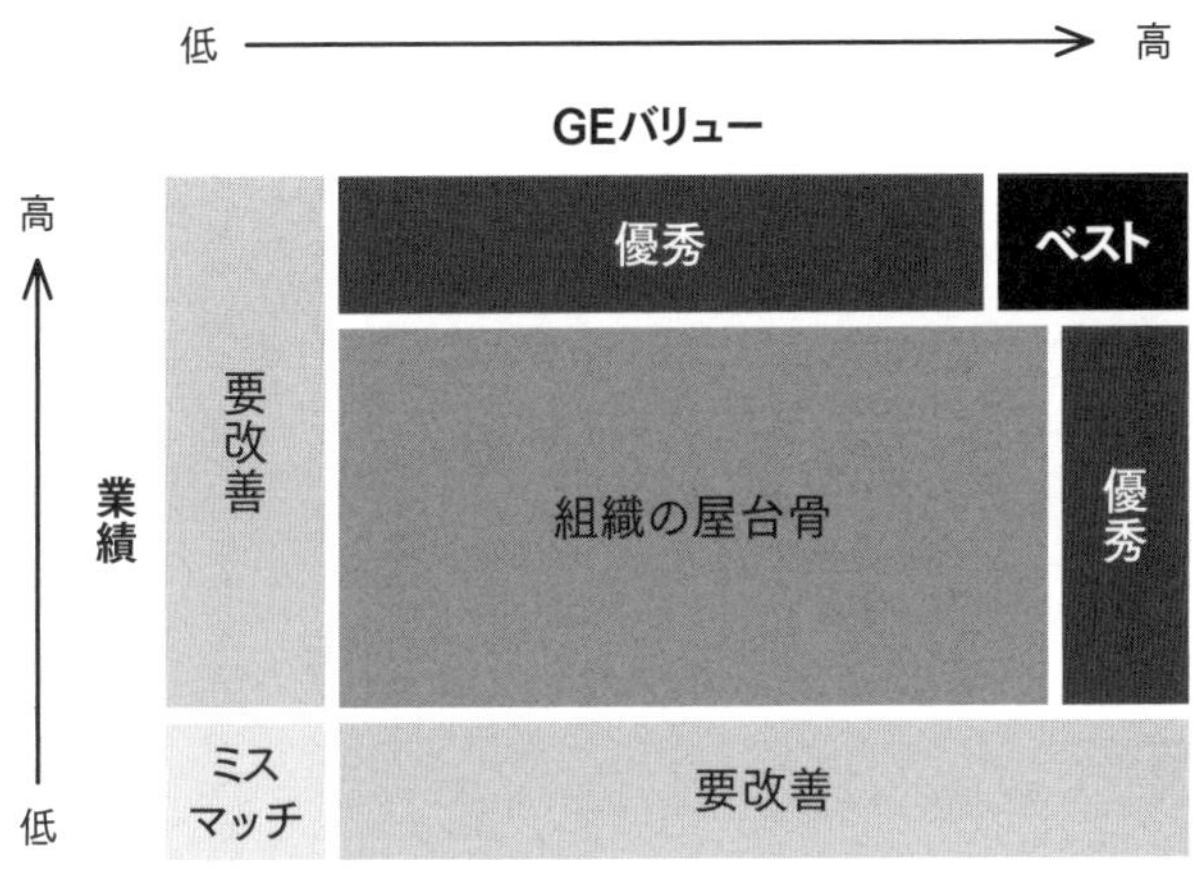

GEバリューは、「外部志向」「明確でわかりやすい思考」「想像力」「包容力」「専門性」

目標の達成度合いを示す業績を縦軸、GEバリューと呼ぶ行動規範の実践度を横軸にしたマトリックスで評価する。業績も高く実践度も高い社員はA評価となり、高い報酬が得られ、昇進も有利になる。業績は高いが実践度が低い人がB評価、実践度は高いが業績が低い人はC評価になる。「ジャック・ウェルチはかなり数字にうるさい人でしたが、GEバリューは最も大事であり、BよりもCを高く評価すると言っていた」

(PRESIDENT Online,「元人事部長の証言！ GE社員の評価軸＆育成法」
http://president.jp/articles/-/11171?page=2)

わけです。バリューの中に「不正はやっちゃいけません」なんていうことは書いてありません。でも、このバリューを理解するということは、公正さを守ることが大事だという意識につながります。

そして「パフォーマンスはいいけどバリューの共有度はちょっと低いよね」という人と、「パフォーマンスはちょっと低いけれどバリューはちゃんと理解している」という人がいたときに、GEはどちらの人を高く評価するかというと、後者だそうです。つまり、「より大切なことは、パフォーマンスよりもバリューだ」というわけです。これを言い換えれば、多少結果が悪くたって、チャレンジの目標が達成できなくたって、それよりも誠実にやることが大事だということです。

こういう考えが徹底されていたとしたら、チャレンジをして良い結果が出なかったときに、不正会計に手を染めるということにはならないでしょう。社風であったり、モラルであったり、社員の考え方というのは、こういう人事評価などのポリシーに大きく影響されることがあるのです。

経営者と株主はどうして相反するのか？

そもそもコーポレートガバナンスというのは、所有と経営の分離に関する議論

良い経営と企業理念

から始まりました。もともとは、企業の所有者と経営者は一致していましたが、近代企業になってくると所有と経営が分離してきました。所有者である株主と経営者とが一心同体ではなくなってきたのです。

つまり、経営者が、所有者である株主の意向に沿った経営をするとは限らなくなった。両者はいろいろな面で対立するようになった。そこで、株主が経営者をチェックする仕組みが必要だということになって、コーポレートガバナンスの制度がいろいろと整備されてきた。これが事の起こりです。つまり「株主対経営者」という問題だったのです。

では、株主と経営者はどういうふうに対立するのでしょうか。例えば株主は、1つの会社だけではなくて、いろいろな会社に投資しているかもしれません。つまり株主はポートフォリオを組んで、リスクを分散することができます。

これに対して、経営者、あるいはそこで働いている人たちは、働き口を分散することはできません。その会社が行き詰まったらすべてを失ってしまいます。だから意思決定や行動はリスク回避的になります。

リターンが大きいかもしれないけれど、失敗する可能性もすごく大きい、ハイリスク・ハイリターンのプロジェクトがあったとしましょう。株主は「やるべきだ」と言っても、経営者は「リスクが大きすぎる」といってやめてしまう。そういうふうに株主の意向と経営者の意思決定が合わないことがあり得るわけです。

コーポレート・ガバナンスの起こり

所有と経営の分離 → 株主対経営者という構図

Berle & Means（1932）

▶リスク態度の違い

- 株主：リスク中立的（ポートフォリオを組むことでリスクを分散できる）
- 経営者：リスク回避的（リスクを分散できない）

▶経営者の効用最大仮説（Marris, 1964）

- Empire-building → 成長志向
- フリンジベネフィット

▶情報の非対称性のもとでの
プリンシパル（株主）－エージェント（経営者）関係

- 株主にとっての価値が最大になるように、経営者に経営させる。
- コーポレート・ガバナンスは、経営者を監視する仕組み。

良い経営と企業理念

あるいは意思決定権を握った経営者は、会社の価値ではなく、自分の効用を最大にするかもしれません。経営者は自分の名声を高めるために、あるいはより多くのフリンジベネフィットを享受するために、企業規模を大きくしようとする傾向があると言われています。これが行き過ぎると、企業価値を最大化する水準以上に成長を追求してしまい、経営者と株主との利害が反することになってしまいます。

経営者には事業の情報が豊富に入ってきますが、株主には決算情報くらいしか入ってきません。つまり情報の非対称性があるので、経営者は株主をごまかすことができてしまうのです。

そういう問題をチェックしなさいというのがコーポレートガバナンスです。株主と経営者は利害が対立しているので、株主にとっての価値が最大になるように経営者に経営をさせる。経営者をチェックする仕組みを作る。これがコーポレートガバナンスのそもそもの起こりです。

所有と経営の分離から問題が起こったのであれば、株主と経営者の利害が一致するような仕組みを作ればいいのではないか、と考えるでしょう。その方法はいろいろあり得ます。

1つの方法は、経営者の持ち株比率を高めることです。ストックオプションと

いう方法もあります。ただし、その有効性については、さまざまな議論がありま
す。

経営者に株を持たせると、2つの違ったインセンティブが経営者に生まれます。1つはアライメントです。アライメントとは何かというと、経営者と株主の利害が一致するようになることです。株を持つことによって、経営者も所有者になるので、株主と経営者の利害が一致してくるというわけです。

他方、エントレンチメントという考え方もあります。経営者があまり大量に株を持ち過ぎると、自分の好き勝手にできるようになってしまいます。例えば経営者が筆頭株主になって、50％を超えたら、もう自分の好き放題にできてしまうでしょう。

経営者の持ち株比率が低いときには、持ち株比率が増えるにしたがってアライメントが働き、それが企業価値を高める方向に作用するけれど、ある水準を超えると、今度はエントレンチメントが働き、チェックが利かなくなって、企業価値が損なわれてしまう。日本企業の経営者の持ち株比率と企業価値の関係を調べた研究では、経営者の持ち株比率が20％くらいのときに、企業価値が最大になるということです（手嶋、2004）。

参考書籍

『経営者のオーナーシップとコーポレート・ガバナンス
ファイナンス理論による実証的アプローチ』
手嶋宣之（著）
白桃書房
2004年

良い経営と企業理念

経営者の持ち株比率と企業価値

アライメント vs エントレンチメント

↓

経営者所有比率と企業価値とは逆U字の関係

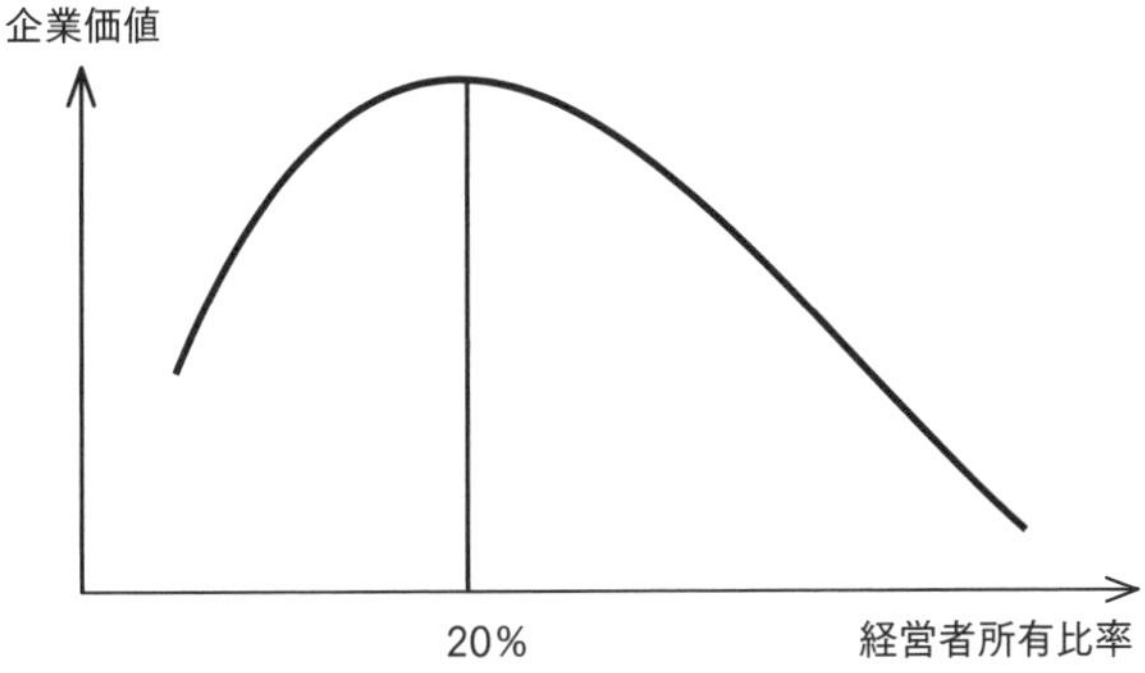

誰のための「良い経営」なのか？

これまでは、コーポレートガバナンスというのは、経営者が株主価値を最大化するような経営をしているかどうかをチェックすることだと考えられてきました。

しかし、「それでいいんですか？」と疑問を呈する人もたくさんいます。例えば経営学者の加護野忠男氏は『経営はだれのものか』という本で、「投資家である株主の意向を最優先することが本当にいいことなのか」と問いかけています。

コーポレートガバナンスとは、株主の意向に沿った経営（だけ）ではなく、「良い経営」をさせていくための仕組みであると考えるべきではないか。とすれば、

株主価値を最大化するように経営者をチェックする

質問：それでいいのか？

加護野氏の問題提起

▶**コーポレート・ガバナンスは、コンプライアンスのチェックの仕組み（だけ）ではない。**

▶**株主の意向に沿った経営（だけ）ではなく、「良い経営」をさせるための仕組み**

- 良い経営とは？
- 誰にとって良いのか？（会社あるいは経営は誰のものか？）

良い経営と企業理念

「良い経営」とは何か、誰にとって良いのか、会社は誰のものかについて考えるべきだと問いかけているのです。

この問いに対しては、いろいろな答えがあり得るでしょう。なぜなら、企業にはいろいろな利害関係者がいて、それぞれの立場で考え方が違うからです。株主と経営者だけでなく、社員、お客さん、仕入れ先、社会やコミュニティーなどが関わっています。こうした関係者の利害は相反する可能性があります。みんなの利害が一致していれば話はすごく単純ですが、なかなか利害は一致しない。そういう中で、良い経営というのは何なのか？　あるいは、誰にとって良い経営なのか？

GEのウェルチは「良い経営者」なのか？

GEの経営者だったジャック・ウェルチは、名経営者だったと言われます。日本の経営者の中にも、ウェルチが好きな人がたくさんいます。

ウェルチは「ナンバーワン・ナンバーツー・ポリシー」といって、1位か2位になれない事業だけしかやらないという経営を徹底しました。そして利益を上げて、企業価値を高めました。つまり株主にとっては、素晴らしい経営者でした。

しかし、利益を上げたといっても、製造業だったＧＥは事業の売却と買収で金融の会社になってしまった。だから、もともといた従業員からするとハッピーではないかもしれない。お客さんもハッピーではないかもしれない。

ウェルチは「ニュートロン・ジャック」と言われました。つまり建物や設備の破壊を小さくとどめながら人間を殺傷してしまう中性子爆弾のように、会社の建物は残したが、ものすごい数の人を切ったのです。私が計算してみたところ、削減した人員にアメリカの平均給料を掛けると、ウェルチが高めた利益の増加に見合うくらいになります。ということは、ウェルチのやったことは、人を切っただけではないか、という話にもなります。

もちろん、それだけ人を減らしても売り上げを維持したのですから、生産性を上げたわけで、それはすごいことです。しかし従業員の視点から見ると、良い経営だったようには見えません。株主からは高く評価されているけど、従業員重視の人からすると、とんでもない経営だと言うこともできるでしょう。

米国流vs日本流、長期vs短期

良い経営とは何かという話をするときには、米国と日本の違いについての意見

良い経営と企業理念

がいろいろ出ます。米国では、株主の利益を確保・保護することが優先されると考えるのが普通です。

日本でも、企業は株主のものであり、日本企業の経営者も株主の価値を損なっていないかを常に気にすべきだと考える人は多いでしょう。また、経営のグローバル化が進み、株主も事業領域もグローバルになってきているので、米国流のコーポレートガバナンスを取り入れるべきだと考える人もいます。

これに対して、株主よりも従業員や顧客を大事にするのが日本流の経営で、無理に米国流のコーポレートガバナンスを導入すると経営がかえっておかしくなると考える人もいます。グローバル化についても、グローバルな競争にさらされると、経営の時間軸が短くなり、短期的な利益を追求しが

米国流 vs. 日本流

米国流コーポレート・ガバナンス（とりあえずの定義）

「株主にとっての価値を高める。株主保護のために」

- 利益志向、株価重視
- 株主代表訴訟
- 内部統制
- 役員組織の改革

質問：米国流のコーポレート・ガバナンスは取り入れるべきではないのか？

ちになる。そうすると、ますます日本的な経営の強みが失われるという指摘もあります。

どちらが正しいのでしょうか。より深く検討する必要がありそうです。1つの検討材料として、投資ファンドに対する反応について考えてみましょう。株主の利益を優先すべきと考える人の中にも、株主総会での経営陣の交代などを迫る投資ファンドには抵抗を示す人も多いようです。

投資ファンドは、利益率の低い会社、資金をため込んでいる会社に対して、「そんな経営はおかしい」「自分が推す人を取締役に加えろ」という要求をし、より効率的な経営への変化を要求します。投資ファンドの主張は合理的な面もあり、他の株主にとっても好ましい要求のはずです。

しかし投資ファンドに対する抵抗が強いのは、彼らが短期的な投資のリターンしか考えておらず、会社の歴史や長期的な視点が欠けていると思われるからかもしれません。そのような視点が欠けている人が会社を良くする経営ができるかどうかわからないから、彼らの主張を支持できないのでしょう。

ファミリー企業はどうして強いのか?

コーポレートガバナンスについて、あと1つ、違う切り口で考えてみましょう。それはファミリービジネス、つまり同族経営です。

近代経営になると所有と経営の分離が進むと言われていたにもかかわらず、今、世の中を見れば、創業家が株主として会社を所有し、経営もしている場合がかなり多いわけです。さらに、ファミリービジネスのほうがパフォーマンスが高いとも言われています。一方で、ファミリービジネスのマイナス面が指摘されることもあります。プラス面もマイナス面もいろいろあるのです。

まずはマイナス面を考えましょう。例えば創業者やその一族というのは、やはり非常にパワフルなので、チェックが働かないということが起こり得ます。それから、ずっと創業者一族から経営者を出していくというのであれば、経営者候補のプールが限定されてしまう。その中に優秀な人がいなかった場合には困ってしまいます。

これに対して、プラス面もいろいろあります。まずは、ファミリービジネスは所有と経営が一致しているので、所有と経営の分離から来るガバナンスの問題は発生しない、あるいは小さいわけです。

また、ファミリービジネスは長期的な視点で企業の存続を考えていくので、いろいろな利害関係者との良好な関係を維持していく。これは高度成長期からバブル期までの好調だった日本企業の特徴ですが、それを今も踏襲しているというような主張もあります。

さらには、経営トップのリーダーシップがすごく強くて、迅速な意思決定ができるとも言われます。

また、ファミリービジネスを研究している人たちによると、創業者一族は財務的なリターンや経済価値だけではなくて、非財務的な価値にも関心が高いそうです。例えば事業活動におけるファミリーの影響力、ファミリーの名声、社会に対するインパクトなどを高めようとしていると言われています。

そのため、あるプロジェクトや投資案件を進めるかどうかを意思決定するときに、経済的な価値が得られるとしても、非財務的な価値を損なう場合には、ファミリービジネスでは「ノー」という判断を下すようになります。

こういう話があります。イタリアでオリーブオイルを作っているファミリービジネスの話です。業界が苦しかったので、みんなで業界団体をつくって、そこで例えば海外展開などの助け合いをしましょうということになった。業界団体に加入したほうが成長できるのですが、そうすると創業者一族のコントロールが弱くなってしまう。だからそのオリーブオイルの会社は業界団体に入りませんでした。

良い経営と企業理念

ファミリービジネスについて

▶ファミリービジネスのマイナスの側面

- 創業者一族の影響力が強く、チェック機能が働かず、暴走してしまう。
- 身びいきが横行し、一族以外の社員のモチベーションが低下する。
- 優秀な人材のプールが限られてしまう。

▶ファミリービジネスのプラスの側面

- 所有と経営が一致しているので、経営者が企業価値最大化行動をとる（⇔社会情緒的資産）。
- 存続を第1に考え、長期志向であり、さまざまな利害関係者との関係の継続性を重視する。
- トップのリーダーシップが強く、迅速な意思決定ができる。

▶社会情緒資産（Socio-emotional Wealth）

- 創業者一族は、財務的なリターンだけでなく、事業を通じて得られる非財務的な価値（ファミリーの影響力、ファミリーの名声など）にも関心がある。
- 財務的なリターンを増大させるものでも、社会情緒資産を損なうものは回避する。

これはどちらが良いのかわかりませんが、ファミリービジネスはそういう行動を取ることがあるわけです。

長寿企業がやっていること

日本の上場企業を対象にした研究では、ファミリービジネスは、ファミリービジネスではない企業よりもパフォーマンスが良好であるという結果が出ています。その研究では婿養子に注目しています。ファミリービジネスは経営者候補のプールが限られてしまうというマイナスがあると先に言いましたが、その問題を婿養子が解決しているというのです。創業者の娘などと結婚してファミリーに加わった人が経営者になった会社はパフォーマンスが高い。創業者の息子が経営をするよりも、優秀な婿養子が経営をするほうがパフォーマンスが良好だそうです。

また、ファミリービジネスの投資行動を見ると、不況時にも設備投資を安定的に続ける傾向があることもわかっています。普通、不況になると企業は設備投資を抑制しますが、ファミリービジネスはあまり抑制しない。つまり、短期的な視点ではなくて、長期的・継続的な視点で判断する。設備投資というのは、いろいろな人との関係づくりにも影響しますから、それを継続してやるという意味もあ

良い経営と企業理念

ファミリービジネスについて（続き）

▶パフォーマンス比較

- ファミリービジネスは非ファミリービジネスよりもパフォーマンスが良好
- 婿養子が経営者であるファミリービジネスのパフォーマンスは、専門経営者によるファミリービジネスや非ファミリービジネスよりパフォーマンスが高い。

▶行動比較

- ファミリービジネスは非ファミリービジネスよりも、我慢強い投資を行う。かつて好調だったころの日本企業の行動パターンを踏襲している。

▶明確な経営理念の浸透

- スチュワードシップ理論（⇔経済人仮説：利己的な主体）
- リーダーは、自己の利益のためだけでなく、すべての利害関係者の利益になるように尽くす存在である。
- ファミリービジネスのリーダーは、株主の富の増大を追求すると同時に、ミッションや価値を達成して社会に貢献したいと考え、そのために従業員、顧客、取引相手と安定的な協力関係を築く。

ると思います。

ファミリービジネスには長寿企業が多いのですが、ずっと同じことをやっているわけではない。継続や安定を大事にすると同時に、しかるべきときに革新をしたり、新しいことを取り入れる。それが長寿のカギなのではないかと思います。

理念の浸透は、効果的で安上がりなガバナンス

ファミリービジネスの特徴として、明確な経営理念の浸透を挙げることもできます。

経済学ベースの人間観というのは、基本的には、人間は自分の利益を最大にするように利己的に行動するということを前提にしています。そこに情報の非対称性があると、自分にとって利益になるように情報をゆがめたりするというふうに人間を見ます。

それに対して、スチュワードシップの議論があります。つまり、リーダーというのは自分の利益のためだけでなく、利害関係者に尽くす存在だということです。リーダーは、利害関係者が発展したり活躍したりすることに喜びを感じる。「良いリーダーって、そういう人じゃないですか?」という理論です。ファミリービ

良い経営と企業理念

ジネスの経営者になる人には、そういうスチュワードシップを持ったリーダーが多いという研究もあります。

その土台になるものとして、ファミリービジネスで大事にされている企業理念や家訓があるのではないかと思います。そして明確な経営理念があって、そこに先ほど紹介したGEの人事評価におけるバリューのようなことが含まれていて、そしてそれが浸透していれば、監査などの仕組みを導入しなくても、経営者や従業員の行動を規律づけることができるかもしれません。

コーポレートガバナンスの仕組みを作って運用していくのは、ものすごくコストがかかります。これに対して理念の浸透などによって同じ効果が実現できるのであれば、すごく安上がりです。もちろん、理念があっても不祥事が起きてしまう会社はあるわけで、理念を作ればいいというわけではありません。

しかし、企業理念が経営者や従業員の行動を規律づけるのに役に立てば、コーポレートガバナンスのための、有効で、コストがかからない方法になり得ます。単なる精神論ではなくて、経済的に意味があるのです。理念というのはコーポレートガバナンスの核になるのではないかと思います。

（講義時期2015年9月）

Part 2

基本原則

Session 7

ストラテジー

フレームワークをひっくり返す

浅羽 茂

良い戦略の条件

経営者にとって最も重要な仕事の1つは、戦略を決めることだと言われます。しかし、戦略とは何かというと、結構あいまいです。経営学の研究者も戦略をさまざまに定義しています。

ここでは、戦略研究の大御所リチャード・ルメルトの定義をとりあえずの手がかりにして、議論を進めていきましょう。ルメルトは著書『良い戦略、悪い戦略』で戦略を次のように定義しています。

「戦略とは、組織の存亡に関わるような重大な課題に取り組むための分析や構想や行動指針の集合体」

そしてルメルトの本には、良い戦略にはどういう要素が含まれているのかが示されています。その要素とは、「診断」「基本方針」「行動」です。

戦略というのは、基本方針を示すだけでなく、その前に診断が必要だ。そして診断をして基本方針をつくるだけでもだめで、どういうふうに達成するかという具体的な行動がないといけないというわけです。まずは診断をして、基本方針を決めて、それぞれの行動がばらばらではなくて、連携し合い、相互に補い合い、

参考書籍

『良い戦略、悪い戦略』
リチャード・P・ルメルト(著)、村井章子(訳)
日本経済新聞出版社
2012年

フレームワークをひっくり返す

戦略とは：基本構造

▶カーネル

- 良い戦略は、カーネルと呼ばれる基本構造を持っている。
- カーネルは、①診断、②基本方針、③行動の3つの要素から構成される。
- 戦略＝基本方針ではない。診断がなければ方針を比較検討して選ぶことができない。行動を起こしてみないと、その方針が実行可能かどうか確認できない。良い戦略とは、「何をやるか」を示すだけでなく、「なぜやるのか」「どうやるのか」を示すものであるべき。

良い戦略の基本構造

▶診断：現状を洗い出す。理解する。問題、機会、強み、弱み、競争構造

▶基本方針：診断によって明らかになった障害物を乗り越えるためにどのようなアプローチで臨むか、その大きな方向性を示す（具体的な行動ではない）。

▶行動：多くの人が基本方針を戦略と名づけて、そこで終わってしまう。これは大きな間違いだ。…すべての行動を書き連ねる必要はないが、具体的に何をすべきなのかは明確にしなければならない。より大きな効果を上げるためには、調和と連携が取れ、相互に補い合い、組織のエネルギーを集中するような行動が必要である。

組織が一体となってそこに突き進むことが重要だということです。

2つのホンダ

ルメルトの戦略論の特徴の1つは、「診断」すなわち現状の分析（問題、機会、強み、弱み）を特に重視していることでしょう。しかし「戦略は事前に分析して示せるものなのか？」と思う人もいるでしょう。そんなに計画的に進むはずがないと思う人がいて当然です。

この疑問に関して、戦略の授業では、ホンダが米国に進出したときのケースがよく使われます。ホンダが二輪車でアメリカ市場に進出したときのことを書いたケースです。ケースには「ホンダA」「ホンダB」という2種類があって、Aは「ホンダがアメリカの市場を分析し、当時の競合だったイギリスの企業も分析し、そして『こういうふうにアメリカの市場に入っていくと成功するぞ』という戦略を事前につくって、その通りにやって成功しました」と書いてあります。

一方、Bは「いやいや、そんな戦略なんかなかったんだよ。ホンダはとにかくアメリカに行ってみた、いろいろな失敗をした。そこからいろいろなことを学んで、そして行動を修正しながらやっていったら、うまくいったんですよ」と書いてあります。

この2つのケースは、同じ事例を違う視点で見ているわけです。では、どっちが本当なのでしょうか。

ホンダが何も考えずにアメリカに行ったということは考えられないので、ある程度のことは分析して、マーケット調査もして、それからライバルについても調べて、自身の能力についても認識したうえで、アメリカ市場に参入したのだと思います。

しかし、それが事前につくった計画、つまり戦略が見事にはまって成功したというわけではない。途中でいろいろな予想外のことが起こったりして、そこで計画を微修正するということは当然あっただろうと思います。

だから、実際はAとBの中間のようなところだったのではないでしょうか。

2つの立場

戦略とはそういうふうに二面性があるものだということを指摘しているのが、ヘンリー・ミンツバーグという経営学者です。彼は、事前に意図して計画的につくった戦略が実現することもあるかもしれないが、ほとんどの場合は、実際にやってみて、計画していないこと、分析からは出てこなかったこと、あるいは偶発的なことが起こり、いろいろな修正をして、そうやってできたものが実現された戦略だと言います。実際に遂行された戦略は、意図された戦略、計画的な戦略が実現されたのではないということです。そのように、偶発的なことを拾い上げて実現していく戦略を創発的戦略と言います。

ここで立場が2つに分かれます。

1つは、偶発的なことを見逃さないで、それを生かして良い戦略を実現するように、組織的な仕掛けや意識づけなどに努力していくという立場です。

もう1つは、偶発的なことが出てくるのはわかっているし、それに対応することが重要なこともわかっているけれど、最終的に実現した戦略がうまくいったのだとすると、そこには理由があるはずです。それを明らかにすることができたら、次に戦略をつくるときにうまい戦略がつくれるでしょう。何でうまくいったのかということを明らかにしないと、いつまでたってもうまい戦略がつくれません。だから、なぜうまくいくのかということをよく理解して、それを次に戦略をつくるときに組み込みましょう。そうすると、だんだんよくなっていくんじゃないですかというのがもう1つの考え方です。

どちらが正しいというわけではありません。どちらの立場だっていいわけです。戦略の中には、ちゃんと分析をして、計画をして、そしてうまくいった戦略もあ

参考書籍

『戦略計画 創造的破壊の時代』
ヘンリー・ミンツバーグ（著）
中村元一（監訳）、崔大龍／黒田哲彦／小高照男（訳）
産業能率大学出版部
1997年

フレームワークをひっくり返す

戦略とは：計画的・分析的 vs 偶発的・創発的

▶2つのホンダのケース

- 1960年代に、ホンダが米国のバイク市場に参入し、制覇したプロセスを2つのケースが異なる視点で記述。
- ホンダA：論理的、明瞭、予定された
- ホンダB：混沌、偶発的、直感に反した

▶ミンツバーグの創発的戦略

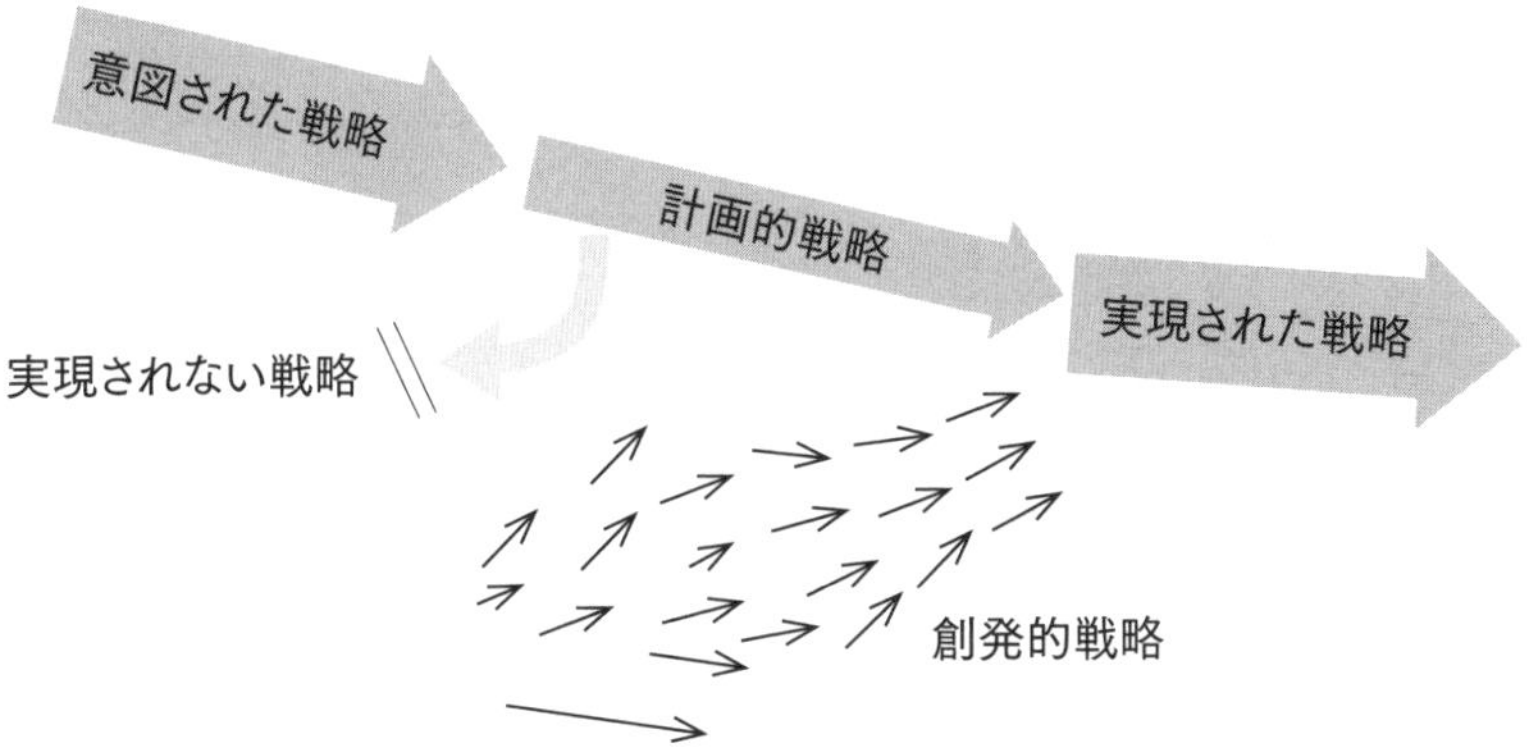

H.ミンツバーグ『戦略計画 創造的破壊の時代』より

るでしょうし、いやいや、偶然に起こってきたようなことの積み重ねで成功したんだという人もいるでしょう。どちらもあるだろうと思います。どちらもあるということを知っておくことが戦略を理解するためには大切です。

戦略のコアはロジック

私自身は、2つの立場のうち、どちらかというと後者の立場を取ります（そうでないと、戦略を研究する意味がほとんどなくなってしまいます）。ゆえに、私は、戦略のコアとは、その戦略を自分の会社がやったらなぜうまくいくのかというロジックだと思います。

例えば、真っ白いマグカップを売っている会社がありました。他社より低価格にしましょう。それで市場シェアを大きくして利益を上げましょう。こういうふうに考えたとします。これだけではロジックがありません。どうして、それを今、うちの会社がやると、うまくいくんですか、という理屈がない。

ここにロジックを加える。例えば次のような理屈をつけられます。マグカップの市場には規模の経済が働いています。シンプルな真っ白いマグカップなので価格だけの勝負です。価格を下げると他社よりも大量に売れます。たくさん売れて

フレームワークをひっくり返す

戦略のコア：ロジック

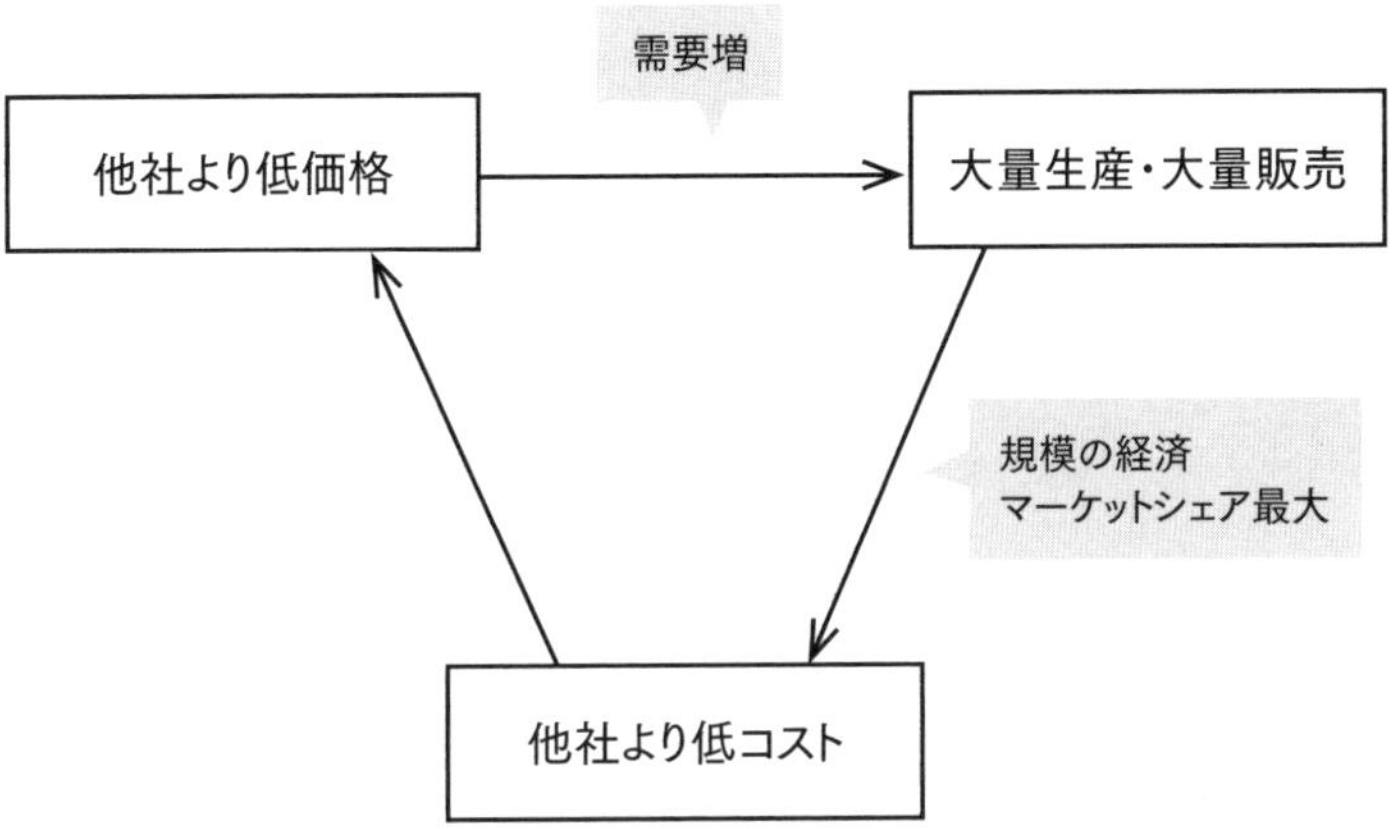

▶なぜ、今それを自社が行うと、成功するのか、その理屈＝ロジック

- 事業を営む市場（業界）に働く基本的メカニズム
- その基本的メカニズムに対する対処法（活用、回避…）
- 他者に比して、自社が戦略を実行するうえで、他社に模倣されない理由シェアが広がると大規模にオペレーションできます。大規模にオペレーションできると規模の経済が働くので、他社よりも低コストになります。だから他社よりも低価格を付けられます。このサイクルをぐるぐる回すと、競争で優位になります。今、他社に先駆けて低価格を打ち出せば、このサイクルを早く回すことができて、他社を圧倒することができます――。これは極めて単純な理屈ですけど、でもロジックが入っています。

そのロジックこそが大事なのではないか、あるいは戦略のコアなのではないかというのが、私の主張です。

ロジックを構築するには、マグカップの「規模の経済」のように、その事業を営む限りどんな企業でも影響を受けるような業界の基本的な特徴を理解することが必要でしょう。次に、その特徴への対処方法、すなわちいかに利用するか、あるいはいかにその特徴から生じる圧力をかわすか、そういうことがロジックの構成要素になります。

さらに、自社の相対的な強み・弱みをもとに、いかに自社をライバルから差別化するか、ライバルの反撃を跳ね返すかといったことが組み込まれれば、それはとても良いロジックになると思います。

話をルメルトに戻しましょう。今述べたロジックは、ルメルトが提示している

フレームワークをひっくり返す

「良い戦略が活用される方法」に対応します。最も効き目のあるところに力を集中して、テコの効果を使う、十分に実現可能な目標にする、鎖構造を作り上げる、優位性を握る、といったことです。

この中で、競争の本質に関わるのが、優位性あるいは優位性を持続する仕組みです。競争とは自分と競争相手との相互作用です。相互作用の強い環境では、ある企業の戦略が成功すると、多くの他の企業がそれを注視しているので、模倣されたり対抗されたりします。その結果、いったん握った優位性はすぐにライバルによってまねされ、消えてしまうかもしれません。

このような競争の本質を前提にす

良い戦略の強みが生まれ、活用される方法

- テコ入れ効果：最も効き目のあるところに力を集中する。
- 近い目標：手の届く距離にあって、十分に実現可能な目標
- **鎖構造**：最も弱い箇所によって全体の性能が決まってしまう。どこかに弱い環がある場合、いくら他の環を強化しても、鎖全体は強くはならない。
- 設計
- フォーカス
- 健全な成長
- **優位性**
- ダイナミクス
- 慣性とエントロピー

逆に、巧みに鎖構造を作り上げてしまえば、容易にはまねできなくなる。

持続可能な優位性。
隔離メカニズム

れば、競争戦略は、ライバルの対抗が想定される中で持続するような優位性をいかに生み出すかを考えるべきでしょう。

ルメルトは、企業が優位性を持続する仕組みを「隔離メカニズム」と呼んでいます。隔離メカニズムとは、ライバルがまねできない、対抗できない、追随できないようにする仕組みなのです。

模倣できないというと、知的財産の無断使用を禁じた特許のような制度の活用がすぐに思い浮かぶかもしれませんが、戦略や事業のやり方が隔離メカニズムになることもあります。

例えば、多くの既存企業とは異なる戦略を取って成功した企業があるとしましょう。その企業では、多くの具体的活動が、追求する戦略に整合的なシステムとして組み立てられていることがあります。この場合、他社が同じ戦略を取ろうとしても、従来のやり方（活動）をすべて否定し、一から作り直さなければなりません。だから容易には追随できないのです。これらは「模倣の妨げ」と呼ばれます。

模倣は防げないけれど、他社が同じことを始めるのには時間がかかるので、それまでにもっと先に進んでいれば、差はなかなか埋まらないという「先発の優位」を守っていくという方法もあります。

競争優位を持続させるメカニズム

(Isolating Mechanisms)

模倣の妨げ

- 法的な制限
- インプットや顧客への優れたアクセス
- 市場のサイズと規模の経済性
- 無形の障害（わかりにくさ、歴史的・社会的状況）
- 戦略フィット

先発の優位

- 経験効果
- ネットワーク外部性
- 評判と買い手の不確実性
- 買い手に生じるスイッチング・コスト

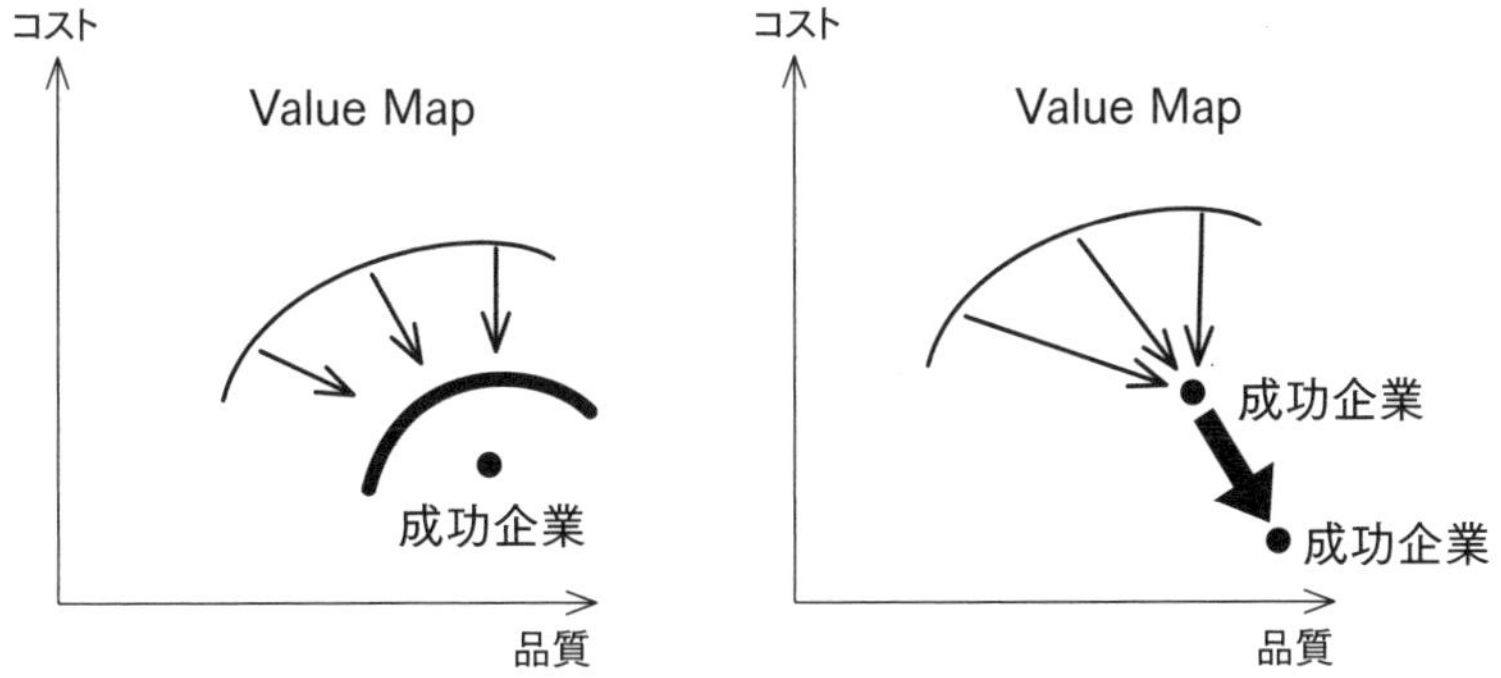

無意味な言葉を並べない

ルメルトは、悪い戦略の特徴もあげています。それは以下の4つです。

まず、「空疎である」。例えば、どこかの銀行で、「お客様をつないで、資金をやり取りして、お客様を助けてあげることがうちの戦略だ」というようなことを言っていたそうですが、これは銀行業とは何かを説明しているに過ぎません。いろいろな難しいテクニカルタームを入れ込んで、よく考えたかのように書いてある戦略を掲げている銀行もありますが、実は「私は銀行業ですよ」と言っているだけのことです。戦略を語っていません。

2番目は、「重大な問題に取り組まな

悪い戦略の特徴

- 空疎である：戦略構想を語っているように見えるが内容がない。華美な言葉や不必要に難解な表現を使い、高度な戦略思考の産物であるかのような幻想を与える。
- 重大な問題に取り組まない。
- 目標を戦略と取り違えている：困難な問題を乗り越える道筋を示さずに、単に願望や希望的観測を語っている。
- 間違った戦略目標を掲げている。

公開している戦略には、詳細な道筋は示されない。

この道筋がロジック

い」。ルメルトは、重大な問題に対する答えを出すのが戦略だと言っているわけですから、重大な問題に取り組んでいなければ、それは戦略とはみなしません。

3番目は、「目標を戦略と取り違えている」。

4番目は「間違った戦略目標を掲げている」。

戦略をサイエンスにする

では、ルメルトの言う診断、つまり分析をすれば、そこから戦略の中身、つまり具体的な行動なり、そのロジックなり、そのつながりなりを導き出せるのでしょうか。戦略論の教科書に載っているような分析をして、問題を整理したら、良い戦略が導けるのでしょうか。

分析の方法はいろいろあります。経営学者や経営コンサルタントは、役に立ちそうな分析のツールをいろいろ提案しています。でも、分析をしたあとで、戦略をつくる段になると、実際にはどうすればいいかよくわかりません。

例えば、SWOTという分析ツールがあります。これは「強み」「弱み」「機会」「脅威」を考えて戦略を作ることを提案しています。では、このSWOTの分析をして、各項目を埋めた後、どうすれば戦略を作ることができるのでしょうか。それをじっと見つめると、何か戦略が生まれてくるのでしょうか。あるいは、これを眺めながらみんなで議論すると、良い戦略が生まれてくるのでしょうか。

経営はアートであるとか、戦略を作るのがうまいかどうかはセンスの問題だとか言う人もいます。しかし、そう言ってしまったら、それで終わりです。「センス」の中身は何なのか、どうすればセンスを身につけることができ、良い戦略をつくれるようになるのかを知りたくなります。

そこで以下では、IBMの過去の戦略を取り上げて、「センス」の中身を考えてみましょう。

IBMは1980年代に、「も

SWOT分析

	プラス要因	マイナス要因
内部要因	S Strength（強み） 自社が他社より 「優れている」「得意な」ところ	W Weakness（弱み） 自社が他社より 「劣っている」「苦手な」ところ
外部要因	O Opportunity（機会） 自社にとって 「有利」「安全」な変化	T Threat（脅威） 自社にとって 「不利」「危険」な変化

う復活できないだろう」と言われるほど業績が悪化した時期がありました。メインフレームのメーカーとしてずっと成長してきたのですが、それまでのやり方がうまくいかなくなったのです。そして1993年にルイス・ガースナーという経営者が社外からやってきて、IBMを立て直しました。彼はその経緯を『巨象も踊る』という自著で詳しく語っています。

以下では、ガースナーによるIBM再建を例にして、良い戦略をつくるための分析や思考法を私なりに整理してみました。

2人の経営者の打ち手

ガースナーの前の経営者は、エイカーズという人でした。エイカーズはIBMの生え抜きで、ずっと社内でスターでした。いずれ彼が社長になるだろうと早くから言われていたほど、誰もが認める優秀な人でした。その頃から、IBMが直面する課題は表面化していました。

その課題とは何か。1980年代のIBMは、メインフレームを中心に、プロセッサーからソフトウェア、販売まで、すべての(レイヤーの)事業を自分で行う垂直統合型のビジネスモデルでした。つまり、メインフレームを作って売るだけでなく、それを利用するための一通りのサービスも含めて、ユーザーの面倒をまとめて見ていました。しかし、あまりにも会社が大きくなり、組織が複雑化して、動きが鈍くなってきました。

他方、コンピューター産業の主役になったパソコンでは、コンピューター本体以外のレイヤーにそれぞれのキープレイヤーがいて、それがレイヤーを支配していました。例えばＯＳのマイクロソフト、プロセッサーのインテルです。他の多くの企業も、１つのレイヤーに特化していました。彼らは身軽で、素早くマーケットの変化に対応していました。

このようなコンピューター産業の構造の変化に、ＩＢＭの垂直統合型のビジネスモデルはうまく対応できません。その結果、ＩＢＭは業界の流れに乗り遅れてしまったのです。

これらの問題を何とかしなければいけないということをエイカーズは認識していました。垂直統合型のビジネスモデルで、大規模で複雑な組織のＩＢＭは、意思決定が遅くて、「これじゃダメだ」とエイカーズは判断しました。当時のジャーナリズムもそう言っていました。

つまりエイカーズは、ＩＢＭのＳＷＯＴはわかっていました。強みは、何でも自分でできること。弱みは、意思決定が遅いこと。脅威は、垂直統合型のビジネスモデルが機能しなくなる業界構造の変化。機会は、いろいろな潜在的事業機会

メインフレームとパソコンのビジネスモデル

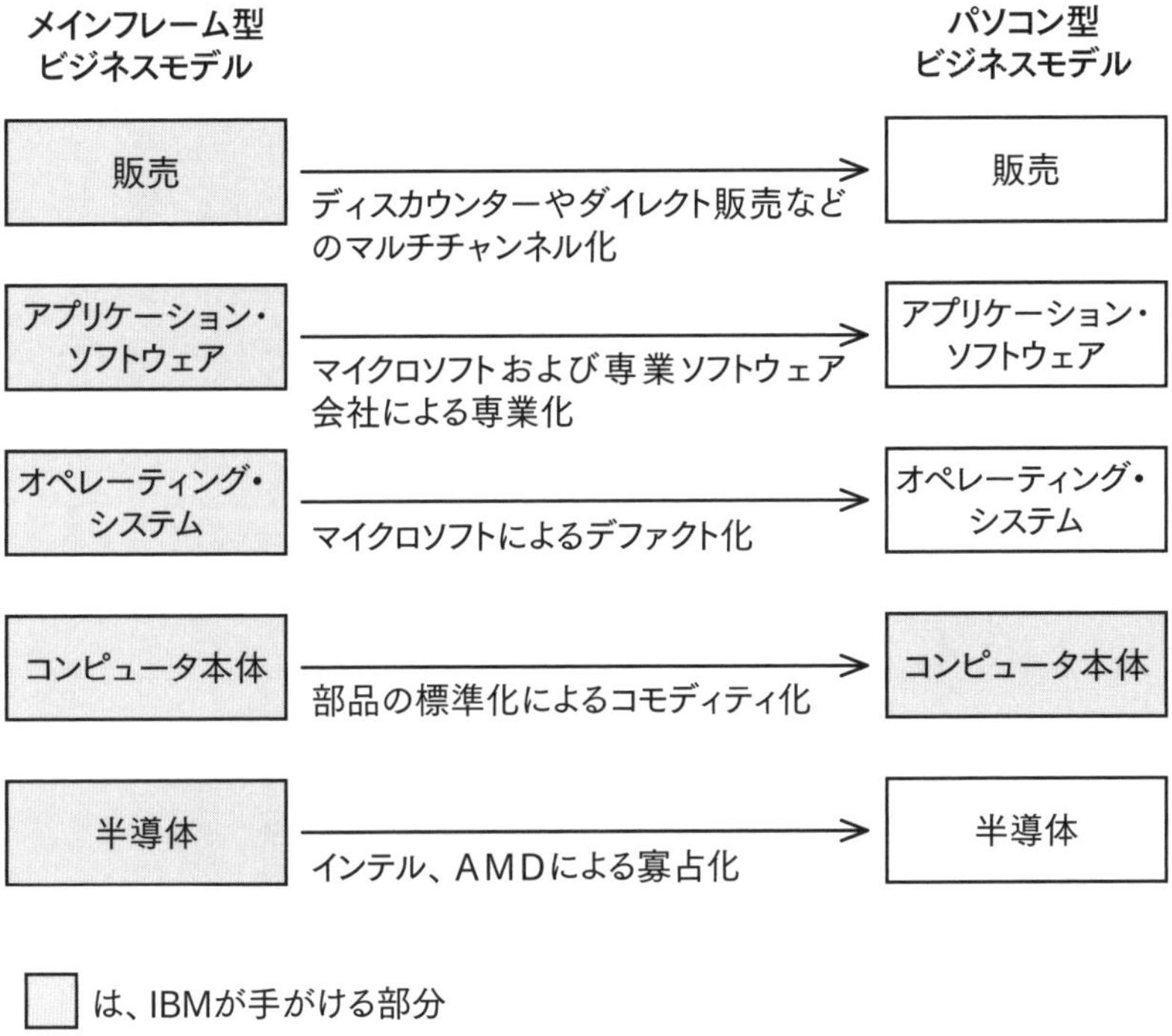

（あまり明確ではないが）があること。

でも、エイカーズは立て直しに失敗します。

エイカーズは、全部まとめて自分でやる形のままではマーケットに合わないし、組織が大きいままだと意思決定に時間もかかるなら、ＩＢＭを個々の事業を手がけるいくつかの会社に分割しようとしました。また、終身雇用を続けていたＩＢＭで、初めて人員削減を行いました。会社を小規模にし、組織構造を簡素化して、意思決定を迅速化しようというエイカーズの考え方は、極めてリーズナブルです。だけど、それは結局うまくいきませんでした。

そして、ＩＢＭにとっての強み、弱み、脅威、機会というのは、そのまま次の経営者のガースナーに引き継がれました。

インパクトを深く考える

エイカーズの後にＣＥＯに就いたガースナーは、エイカーズと同じようなことをやりました。人員削減や組織の簡素化です。しかし、エイカーズとは違うことも考えました。

ＩＢＭにとっての脅威は何かというと、垂直統合型のビジネスモデルが機能し

フレームワークをひっくり返す

なくなるような業界構造の変化です。だから、エイカーズは会社を分割しようと考えました。他方ガースナーは、この業界構造の変化が自分たちにどういうインパクトを及ぼすかをさらに考えました。

まず、レイヤーが分かれ、全部自分でやる必要はないなら、自分は何をやり、何をやらないか、その基準を決めなければならない。そこで、すでに競争の優劣がはっきりしていて、自分たちが勝てないものはもうやめ、これから競争が盛り上がるところについてはコミットしていくことにしました。その結果、ある事業をやめると同時に、他の事業を買収しました。

さらに、この脅威は本当に脅威なのかをよく考えました。これはガースナーがもともとナビスコという会社にいて、社外から来たということにも関係するわけですが、情報システムのユーザー側から見ると、いろいろなレイヤーの企業から、製品やサービスがばらばらに供給されるのがいいとは限らない。むしろ各部をつなぐ必要があると、ガースナーは気づいたのです。

ガースナーがナビスコ時代に効率改善の方法を経営コンサルタントに提案してもらったら、「情報システムを入れ替えましょう」と言われます。「じゃあ、そうしよう。やってくれ」と頼んだら、「いや、私はそれはできません、私は経営コンサルタントなので、情報システムのコンサルタントに依頼してください」と言われてしまう。

「そうか、わかった」と情報システムのコンサルタントの会社に頼んで、「どうしたらいい？」と聞いたら、「こうすればいいんじゃない」という設計をしてくれた。「じゃあ、それをやりましょう」と言うと、「いや、私はできません、私はコンサルです、ハードウエアは……」と、次々とそれぞれの専門家に頼らざるを得ない。

ようやく情報システムが全部出来上がったら、それをメンテナンスしたり、アップデートしたりするときに、また別々に頼まなければいけない。誰も、全体をまとめて面倒を見てくれませんでした。

ガースナーは、「そんなの面倒くさい」と感じているお客さんがいるはずだと考えました。「私がナビスコで困ったのと同じように、各部をつないだり、全体を見たり、そういうことに困っているお客さんが実はたくさんいるのではないか」と考えました。そして、「IBMはこれまで全部自分でやっていて、全体を考える能力がある。そのレイヤーの製品を供給していなくても、実はIBMは詳しい。その強みを生かして、まとめて面倒を見てほしいというニーズを満たしてあげればいいはずだ」ということをガースナーは言い出します。

こうしてIBMは、いわゆる「ソリューション」というビジネスを中核に据えます。メインフレームを中核にしてビジネスをする。全部自分で供給はしないけれど、全体をまとめてコンサルテーションをして、それからメンテナンスもする。これがガースナーの作った戦略でした。

ガースナーは、ほかにもいろいろなことをやっています。その意思決定の仕方としては、「脅威」「機会」に対してポンとすぐに対策を出すのではなくて、その脅威や機会が自社にどんなインパクトを及ぼすかという、深いレベルの議論をし、新しいニーズを生まないかを考え、ビジネスチャンスを見いだしました。

同じ分析をしても意思決定は違う

ガースナーの改革というのは、極めてロジカルにつながっています。業界の変化があって、ユーザーの不満があって、それを機会にしてつなぎました。会社を分割するのでなくて、1つの会社として対応しました。そしてお客さんに対するソリューションをまとめて提供しました。

さらにいろいろなメンテナンスも全部引き受けて、ユーザーに対して「うちにアウトソーシングしてください」と働きかけました。例えば金融機関は情報システム担当者を行内に抱えていたわけですが、その部署の人員ごと引き取るということもしました。そうすると、行内にメンテナンスをしたり、情報システム関連の提案を評価したりする人がいなくなってしまう。そうなると、金融機関はＩＢＭの言いなりです。

エイカーズとガースナーは、同じSWOTから始めて異なる戦略を導きました。IBMを復活させたのはガースナーですから、良い戦略をつくり出す意思決定には、ガースナーのような思考回路を持つことが有効なのかもしれません。つまり、SWOTからすぐに結論を導くのではなく、業界や自社へのインパクトを深く考えることです。

脅威と機会、強みと弱みは、考え方によっては、入れ替えることもできます。自社の弱みが強みに変わったり、脅威が機会になって新しいニーズが生まれたりすることがあるのです。1つの例にすぎませんが、ガースナーの意思決定は、そのように考えることの重要性を示唆しています。

「弱み」が「強み」に、「脅威」が「機会」になる

弱みを強みに変えたり、脅威を機会に変えたりすることができれば非常に有効です。それはなかなか難しいのですが、もしかしたら発想を転換することを妨げている原因は、自分たちの分析自体にあるかもしれません。

SWOT分析するときには、4つのマス目に、いろいろなことを入れ込みます。強み、弱み、脅威、機会を入れ込みます。でも、入れ込んでしまうと、人間の思

フレームワークをひっくり返す

考としては、「あ、うちはこういう弱みがあるんだ」と思うわけです。そう思い込んだら、それが「強み」になり得るかもしれないと考え直すのはなかなか難しい。だから、SWOTマトリックスは描かないほうがいいのかもしれません。

例えば、「うちの会社は、販売チャンネルが弱い」という事実があったとします。では、なぜそれは「弱み」なんでしょうか。それは「このチャンネルを使おうと思っている」から、「弱み」になるのです。既存のチャンネルを使おうと思っているから、既存のチャンネルに対する支配力が弱いことが、会社の「弱み」になるのです。

だったら、新しいチャンネルを構築すればいいかもしれません。新チャンネルを構築して、それがうまくいったら、ライバルを引き離せます。なぜなら、既存のチャンネルに対する支配力が強いライバルは、新しいチャネルに切り替えることが難しいからです。つまり、自分の弱みを強みに転換することは、ライバルの強みを弱みに転換することになるのです。

IBMは、自分たちが垂直統合モデルなのに、業界構造が水平型になったことを「脅威」と捉えました。いったんそのように捉えると、「これは脅威だ」とずっと思ってしまいます。しかしガースナーは、「これはどうして脅威なのか?」ということを考え直したわけです。脅威だと言うけれど、ひょっとしたら「機会」が潜んでいるかもしれない。そう発想を変えました。そうすると、業界構造が水平型になれば、そこにはユーザーの不便さがあるから、それを解消してあげるというのが機会になる、ということに気づいたのがガースナーだと考えられるのです。

得てして、自分たちの弱いところをパッと見て「弱いんですから、弱みですよね」とか、自分のモデルと合わない産業構造が生まれたときに、「これは脅威ですよね」と捉えて、SWOTマトリックスに入れてしまいます。一度入れてしまうと、視野が固定化してしまいます。

その前に、もう一度、根本的な問いをし直す。そうすると、何かアイデアが変わるかもしれません。

あるいは、自分たちの業界の競争のルールが変わってきたときに、これまで勝ってきた企業は、その勝ってきた原因の本質は何だろうかということを、もう一度深く考えてみることが重要かもしれません。

（講義時期2015年11月）

Session 8

マーケティング

生存領域を見つけて全体を最適化

内田和成

同業のトップ企業を追随しない

さて、みなさんが経営者になって、リーダーとして組織を動かしていくことになったときに、やらないほうがいいことをお話ししましょう。それは同業のトップ企業の真似をするということです。つまり単純に追随していくだけの経営です。人と同じことをしているだけでは未来は開けません。

トップ企業にはトップ企業のやり方があって、2番手以下には2番手以下のやり方がある。トップのまねをすればいいというものではない。2番手や3番手がリーダーと同じことをやっても、規模やブランドで負けてしまうわけです。

モスバーガーとロッテリアを例に考えてみましょう。ハンバーガーチェーンの業界では、マクドナルドが圧倒的な1位です。

マクドナルドはハンバーガー業界における圧倒的なリーダー企業として、自分たちのやり方をうまく回してきました。それは人通りの多い一等地に店を出して、大量に売る。低価格化によってシェアを高めて、規模の拡大でコスト競争力を向上させるという戦略です。

ロッテリアは、マクドナルドと同じ戦略を取りました。商品もマクドナルドと

生存領域を見つけて全体を最適化

ハンバーガーチェーンのシェア

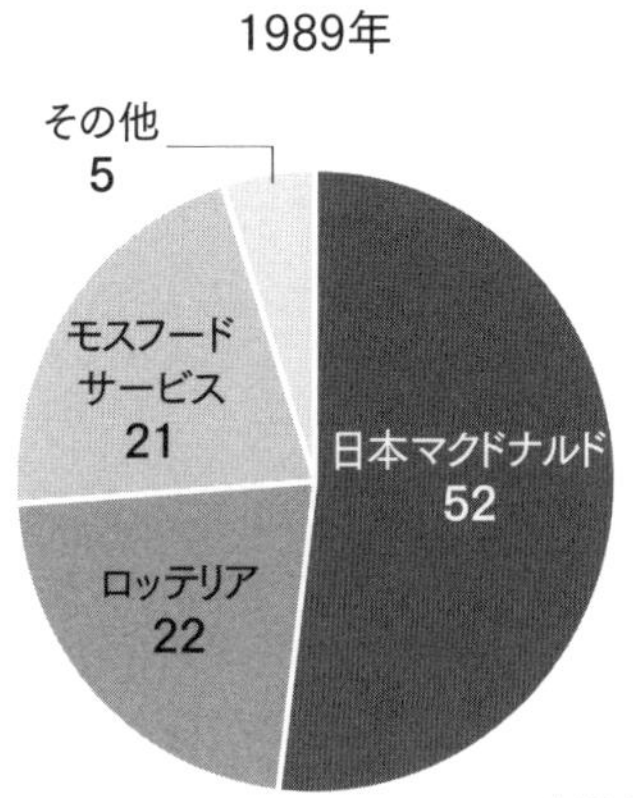

出所:日本経済新聞社「ザ・シェア '91」

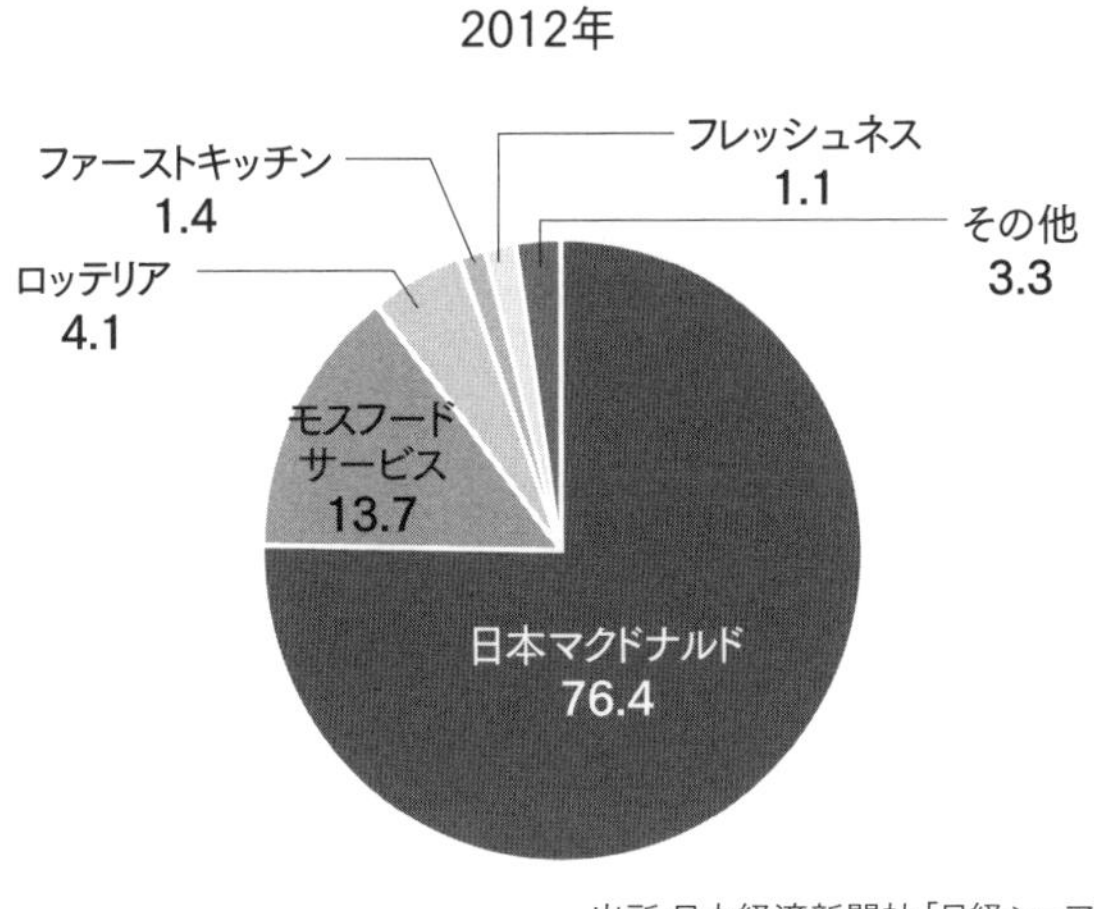

出所:日本経済新聞社「日経シェア調査2014年版」

同じように、ハンバーガー、ドリンク、ポテトなどがあって、作り置きしていたものをお客さんが来たらすぐサーブするという方式でした。

その結果どうなったか。今から30年ぐらい前の1989年、日本のハンバーガーチェーンのシェアを見ると、マクドナルドが52%、ロッテリアが22%、モスフードが21%でした。つまりロッテリアはおよそ4分の1のマーケットシェアがあって、マクドナルドに次ぐ第2位でした。モスフードより上位でした。

その後どうなったかというと、2012年にはマクドナルドのシェアが約76%に達しました。そしてモスバーガーは健闘して約14%。しかしロッテリアはどうなったかというと、約4%に激減しました。

同じ生態系を営む2種以上の共存はできない

モスバーガーはなぜ健闘しているかというと、正面からマクドナルドと戦わなかったからです。裏通りのような、家賃の安い場所に店を出して、マクドナルドのハンバーガーとは明らかに違うメニューを開発して、お客さんの注文を受けてから作って、できたてのハンバーガーが食べられますという戦略を取った。ライスバーガーとか、野菜の産地を明示したハンバーガーとか、サラダとか、そうい

生存領域を見つけて全体を最適化

う独自性のある商品によって熱烈なモスファンを獲得した。そういうハンバーガーが好きな人にずっと支えられています。

実は、このモスバーガーのやり方はマクドナルドは真似したくてもできないのです。マクドナルドのビジネスモデルは、大量にお客さんをさばくことによって成り立っています。モスのように注文を受けてから作ったら、レジでお客さんが大渋滞になってしまうでしょう。

一方、ロッテリアはマクドナルドと同じ戦略を取っていた。だからマクドナルドにかなわなかったわけです。市場全体が伸びているときは、それなりにおこぼれをちょうだいできたのですが、業界が成熟してくると、マクドナルドが価格競争を仕掛けてきたりするたびにロッテリアは体力を消耗して、店を閉めざるを得なくなった。

ここでのポイントは、人と同じことをやっていると、生き残れないということです。業界トップの企業が2番手、3番手の真似をするという戦略はあり得ますが、逆に2番手、3番手が業界トップを真似しても、歯が立たないわけです。

違うことをやるというのは勇気がいります。リスクもあります。しかし、そういうことを乗り越えて、いかに違うことをやるかというふうに考えてみることは欠かせません。

生物の進化論を習ったと思いますが、同一の生態系を営んでいる2種以上の種は、同じ場所で共存できないと言われます。同じ餌を食べて、同じように生きていている生物がいると、どちらかが勝って、片方は追い出されてしまう。

企業も同じです。同じお客さんを相手に、同じ商品を、同じようなやり方で提供していたら、体力のないほうは脱落する。そうならないためには、何かを「ずらす」必要がある。顧客をずらす、あるいは提供するものをずらす、あるいはやり方をずらす。そうやって変革をしていくことが2番手以下の企業の生きる道です。

そして、ずらし方がうまいと、ライバルとはまったく違う独自の生態系を作り上げることができます。

何を捨てるか?

自分たちはどこで勝負するのか、自分たちは何を目指すのかということをはっきりさせて、思い切った基準で生存領域の線引きをすることによって、高収益を上げている会社もあります。

例えば、電子部品メーカーのA社は、新製品開発を自分たちの戦い方の軸にしていました。そして競合が出てきたら製品を廃番にしてしまう。

生存領域を見つけて全体を最適化

A社が作っているのはエレクトロニクス製品に使われるそれほど単価の高くない部品です。競合が出てくるということは、価格競争になることを意味します。A社は、基本的に営業利益率が20%を切ったら撤退してしまう。普通の会社は、どうやったら営業利益率が20%にできるかということで悩むのに、A社は営業利益率30%を目指して、20%を切ったら、これは競合との価格競争が始まった証拠だからといって、やめてしまう。

このやり方は利益率を維持できるかもしれませんが、シェアと成長を犠牲にします。新しく競合が出てくるということは、これから伸びる市場だとして注目されていることも多いわけです。しかし、A社は市場を全部取ろうと思っていない。自社の生存領域を絞り込んでいるわけです。

もう1つ、高収益企業の例を挙げましょう。工場などで使われるセンサーのメーカーで、売上高営業利益率が約50%という高収益で知られるキーエンスは、1番の大口顧客でも売り上げが全体の2%を超えないようにしています。なぜ、そんな線引きをしているかというと、仮にその会社向けの仕事がなくなっても売り上げは最大2%しか減らずに済む。だから、例えば価格や納期などの取引条件に関して、自分たちのやり方を貫けるというわけです。

その代わり、大口顧客がいないので、まめな顧客開拓や製品対応をしなければいけませんが、大口顧客に依存して、その意向に左右されたり、価格をたたかれたりするぐらいだったら、自分たちのやり方を追求するということです。

その結果、キーエンスは日本屈指の超高収益を続けています。規模はそれほど大きくならないかもしれませんが、自分たちのやり方を貫いています。

ディズニーと旭山動物園の決定的な違い

企業が自分の生存領域を考えるときに考慮すべきポイントはいろいろありますが、中でも基本的なファクターとして、自分の事業の規模、そして顧客の期待などを頭に入れておく必要があります。

ここでは、たくさんのお客さんを呼び寄せている人気スポットを例にとって考えてみましょう。北海道の旭川にある旭山動物園は、ピーク時には年間300万人ぐらいの人が来場しました。東京の上野動物園を抑えて日本で一番入園者の多い動物園になったこともあります。私も行ったことがありますが、お客さんの目の前をペンギンが行進したり、シロクマが水中に飛び込んでくる様子がガラス越しに見えたり、いろいろな工夫があって素晴らしい動物園です。

それを上回る人気スポットの代表例と言えば、東京ディズニーリゾートです。年間の来場者数は3000万人に達しています。

生存領域を見つけて全体を最適化

この2つは、どちらも人気の施設なのですが、生存領域には決定的な違いがあります。東京ディズニーリゾートの来場者数は年間3000万人で、日本の人口は1億2600万人ですから、日本人全員が来場するとしても、4年で1回転してしまいます。だから東京ディズニーリゾートは、リピーターが来てくれない限りビジネスは成り立たない。だからリピーターをどうやって増やすかという工夫しています。

これに対して、旭山動物園はたしかに動物園としては日本有数の入園者数を誇りますが、その数は東京ディズニーリゾートの10分の1です。そうすると、日本人が1人1回来場するとして、42年ぐらいかかる。だから極論すれば、旭山動物園は、リピーターがゼロで、お客さんはみんな1回しか来てくれないとしても、それなりに入園者数が維持できます。

極端に言うと、旭山動物園は顧客ロイヤルティーゼロでも成り立つ。話題性があって、とりあえず1回は行ってみたいと思っている人が来てくれればいいのです。実際、関東や関西から旭川に行くのは遠くて大変だから、そんなに何度も行く人はいないと思います。

これは東京ディズニーリゾートと旭山動物園のどっちが良いとか悪いとかいうことではなくて、自分たちが対象にしている顧客セグメントの規模をよく考える必要があるということです。そして、その人たちにとっての顧客満足や顧客ロイヤルティーの維持などを押さえることが重要になってくるのです。

しまむらvsユニクロ

自分たちの戦い方を決めた後のこともお話ししましょう。戦い方を決めたら、それに合わせてビジネスモデル全体を最適化することが重要です。販売や製造などの部門がばらばらに部分的な最適になっても、それでは会社全体の競争力は高まりません。目指すべきは、ビジネスモデルの全体最適です。

全体最適について考えるために、ユニクロとしまむらのビジネスモデルを比較してみましょう。どちらの会社も、アパレル製品を安価で提供することで成功しているのですが、基本的なビジネスモデルはまったく対照的です。

まず、基本的なデータを比べてみます（以下は2013年の数字）。国内の店舗数で見ると、しまむらは1300店舗で、ユニクロは800店舗です。国内の店舗数はユニクロよりしまむらのほうが多いのです。

では、国内の売上高はどうなっているかというと、2013年でしまむらは4000億円で、ユニクロは6000億円でした。

ということは、1店舗当たりの売上高は、ユニクロは約7億円、しまむらは約

生存領域を見つけて全体を最適化

ユニクロ vs しまむら　売上高と営業利益率の推移

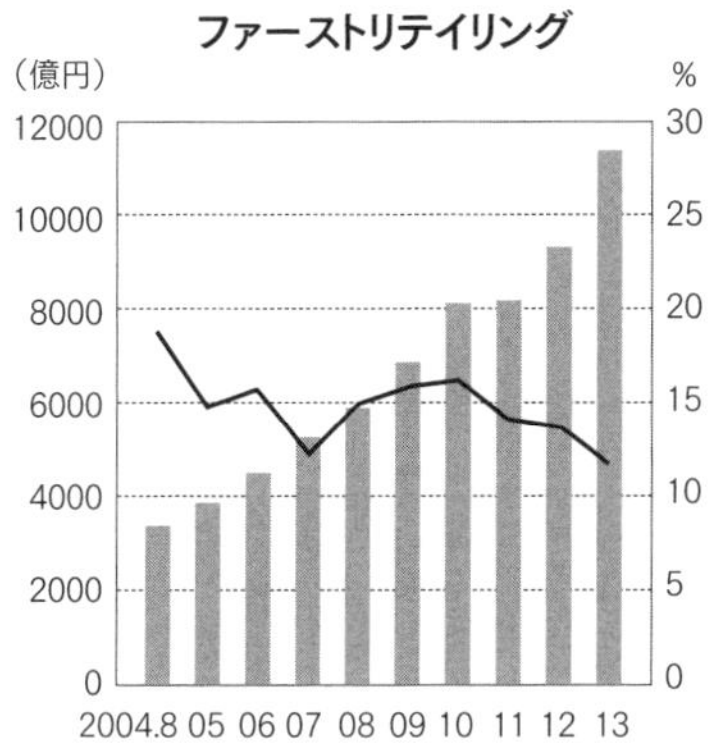

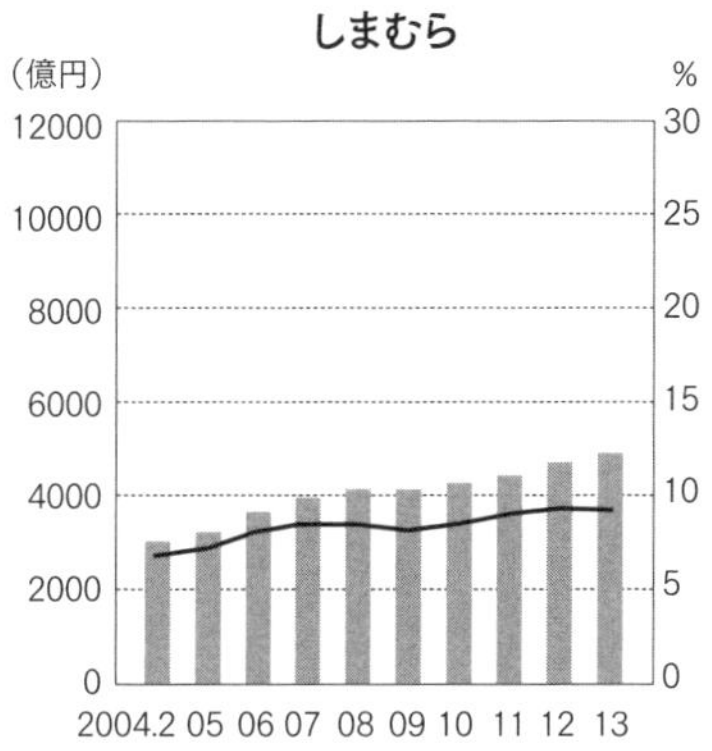

出所：両社IR情報

ユニクロ vs しまむら　国内店舗数の推移

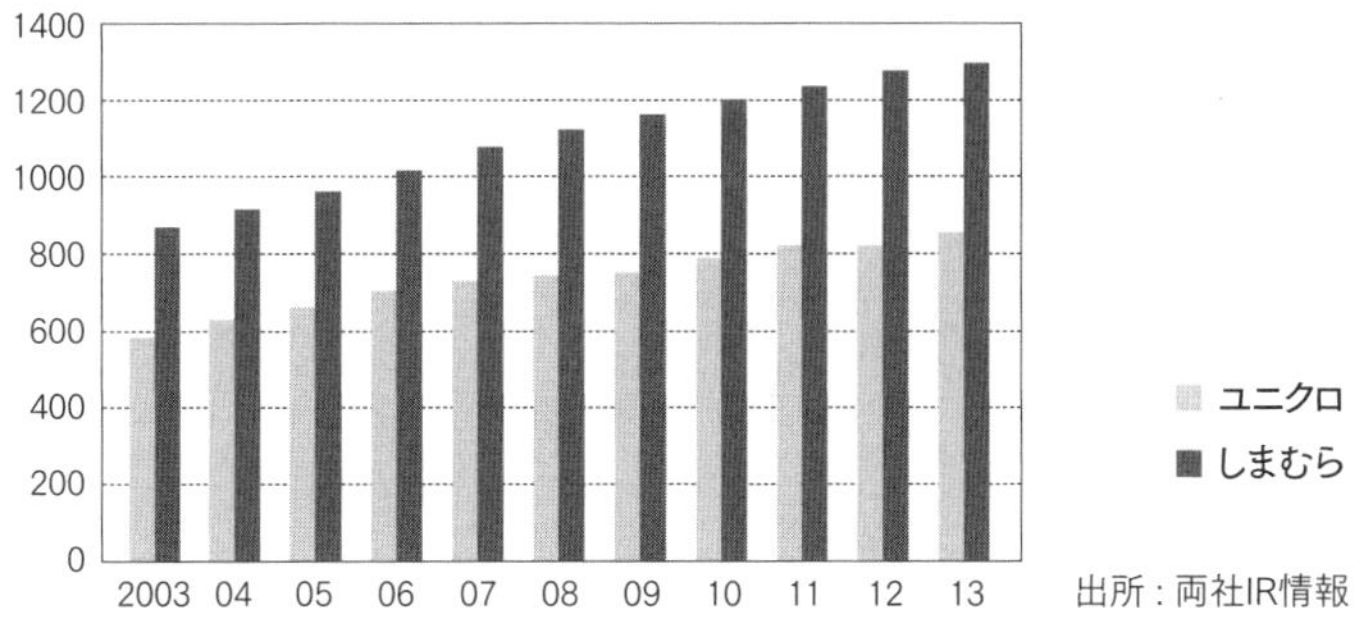

出所：両社IR情報

3億円で、ユニクロのほうが倍以上多い。

なお、売り場面積の平均は、しまむらは約1000㎡、ユニクロは約800㎡で、大差はありません。

きれいに線引きされた出店場所の基準

店舗数のデータを見て、東京の人は「俺はユニクロしか見たことがないけど、しまむらってそんなに店が多いの？」と思うかもしれません。その東京在住者の感覚は正しくて、実際に調べてみると、2013年時点で、ユニクロは都内23区内だけで87店舗ありました。しかも、渋谷、新宿、池袋、日本橋、銀座、東京駅近辺、品川近辺など、人の集まるところに集中的に出しています。

しまむらはどうかというと、23区内では

ユニクロvsしまむら 1店舗当たり売上高（2012年度）

	しまむら	ユニクロ
国内売上高（億円）	3,998	6,200
店舗数	1,274	845
1店舗当たり売上高（億円）	3.14	7.34
平均売り場面積（㎡）	1,039	825

注1）しまむらの数字は、ファッションセンターしまむら店のみ
注2）ユニクロの店舗面積は標準タイプ

出所：各社IR資料

生存領域を見つけて全体を最適化

ユニクロ店舗所在地（東京23区、2013年）

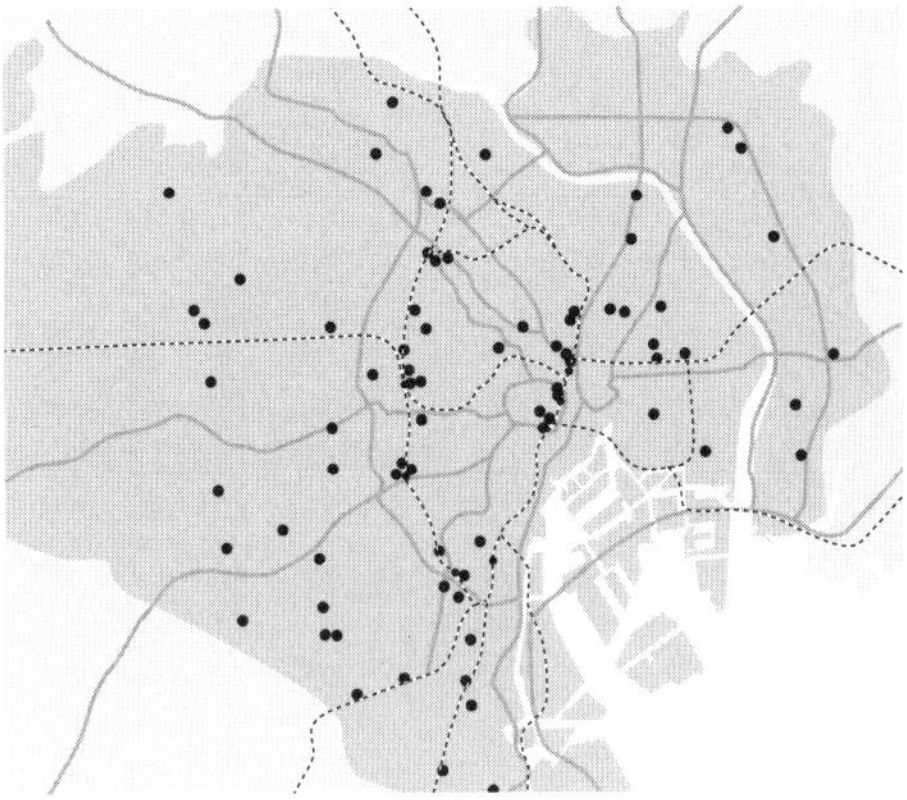

出所：ファーストリテイリングホームページ

しまむら店舗所在地（東京23区、2013年）

出所：しまむらホームページ

20店舗しか出ていません。ですから、東京都内の店舗数はユニクロの4分の1以下で、なおかつ山手線の内側には2店舗しかない。

東京では、ユニクロのほうが圧倒的に多いのに、日本全国では、しまむらの店舗数はユニクロの1・5倍ある。要するに、しまむらは地方にたくさんお店を出しているわけです。

ファッションビジネスで成功しようと思ったら、東京の青山や原宿に店を出して、おしゃれにお金を使うOLさんと女子学生をメインターゲットにするのがよさそうなものですが、しまむらはそういうところに店を出していません。都心では戦わない。

なぜかというと、そこには強敵が多すぎるからです。ZARAやH&M、フォーエバー21、ユナイテッドアローズ、さらにはファッションビルに入っている専門店などです。そういう強敵がいるところを外して、あまり競合がいないような郊外、地方住宅地で勝負する。ターゲットは主婦や女子中高生です。

例えば新潟県内にある両社の店をマッピングしてみると、ユニクロは11店舗しかありませんが、しまむらは35店舗もあります。しかも新潟市や長岡市などの人口が多いところだけではなくて、ほぼ新潟県全域に出店している。佐渡島などにも出店しています。

新潟県内で双方の店がある地域の人口データを見てみると、ユニクロはきれい

生存領域を見つけて全体を最適化

ユニクロの店舗所在地（新潟県、2013年）

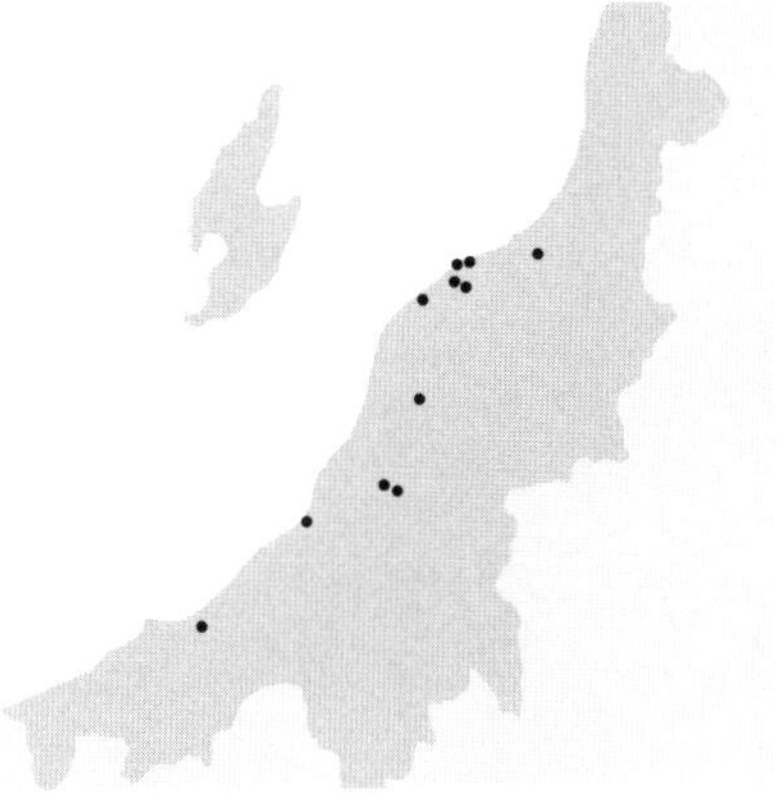

出所：ファーストリテイリングホームページ

しまむらの店舗所在地（新潟県、2013年）

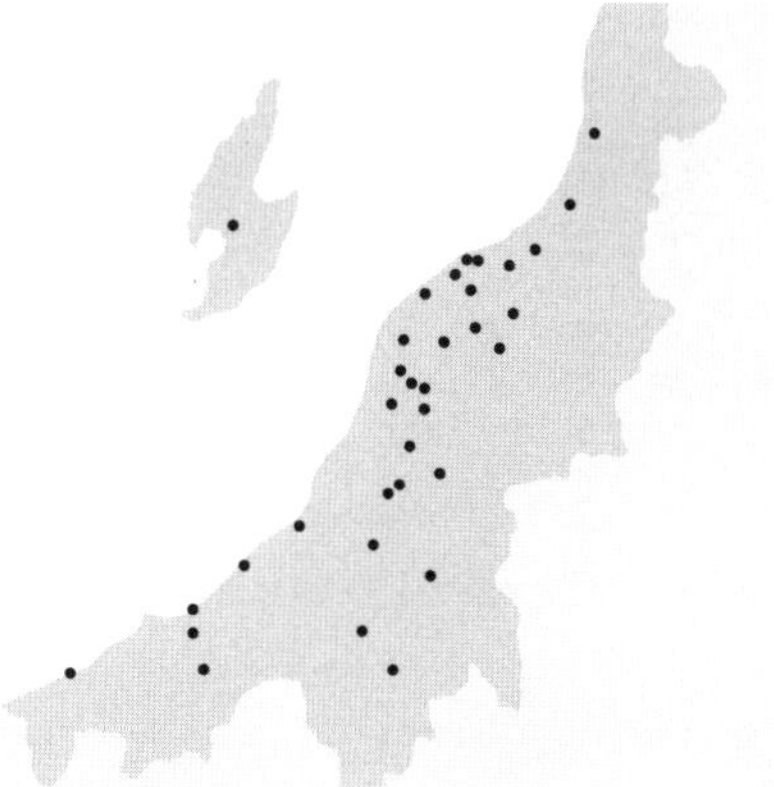

出所：しまむらホームページ

に人口で約10万人以上、世帯数でいうと3万以上の都市にしか出店していません。小さな都市には出店していない。これに対してしまむらは、県内の人口の多い都市には当然出店していますが、人口が3万人以上、世帯数が1万以上のところに出店しています。

つまり、いかに両社とも計画的に出店しているかというのがよくわかります。飛び地もなければ穴あきもない。

では、このような違いは、両社のビジネスモデルにどう関係しているでしょうか。

しまむらは、人口3万人、世帯数が1万世帯しかない市や町まで出ているということは何を意味するか。総務省の家計調査によると、1世帯当たりで見て、1年間で服と靴にどれぐらいお金を使うかというと、15万円弱だそうです。そうすると世帯数1万の市に住む人たちの衣料品購入額は年間15億円ということです。

先ほど紹介したように、しまむらの1店舗当たりの売上高は平均3億円です。ということは、世帯数1万で、衣料品購入額が年間15億円の市では、その5分の1をしまむらが占めてしまう計算になる。しまむらに落とすお金が大きいわけです。

ユニクロは、世帯数1万しかない都市には、出たくても出られません。なぜかというと、ユニクロの1店舗売上高は平均7億円ですから、15億円の約半分とい

生存領域を見つけて全体を最適化

ユニクロvsしまむら 新潟県市町村別出店数（2013年）

市町村名	人口	世帯数	出店数	
			ユニクロ	しまむら
新潟市	802,778	316,483	5	9
長岡市	281,078	101,234	2	3
上越市	202,876	72,563	1	4
三条市	103,314	34,608	1	2
新発田市	102,012	34,692	1	1
柏崎市	90,059	34,259	1	1
燕市	82,862	27,611		3
村上市	66,613	22,801		1
佐渡市	62,294	24,671		1
南魚沼市	60,316	19,097		1
十日町市	58,941	20,048		1
五泉市	55,052	18,412		2
糸魚川市	47,211	17,598		1
阿賀野市	45,712	13,879		1
見附市	42,254	13,925		1

市町村名	人口	世帯数	出店数	
			ユニクロ	しまむら
魚沼市	40,465	13,459		1
小千谷市	38,592	12,686		1
妙高市	35,664	12,273		1
胎内市	31,510	10,428		1
加茂市	30,155	10,205		1
聖籠町	14,143	4,183		
阿賀町	13,368	5,049		
田上町	12,834	4,082		
津南町	10,856	3,633		
弥彦村	8,669	2,746		
湯沢町	8,252	3,352		
関川村	6,527	2,032		
出雲崎町	5,034	1,804		
刈羽村	4,856	1,569		
粟島浦村	335	134		
新潟県計	2,364,632	859,516	11	37

出所：新潟県、両社ホームページ

うことなる。だから住民の2人に1人はユニクロの服しか着ていないというくらいまでシェアを上げない限り、ユニクロの店は成り立ちません。

ユニクロは、ヒートテックやフリース、ダウンなど、流行性の低いベーシック商品主体で、それほど商品バリエーションがありません。アイテム数は400～500です。人口が少ない地域で上から下までユニクロを着る人が増えると、みんな同じ服装になってしまいます。

それに対してしまむらは、ファッション性の高い商品を売っています。次々に新しい商品を投入して、売り切れたら終わりというやり方をしている。だから地域内でのシェアが高くなっても、それほど他人と服装がかぶることはありません。

何を「悪」と考えるか？

両社の品ぞろえの違いは、基本的なビジネスモデルの違いとリンクしています。ユニクロは、ベーシックで流行性が低い商品主体で、売れ残るリスクが少ない。だから、自社の支配下にある工場で大量生産してコストダウンするということが可能です。いわゆる製造小売（SPA）と呼ばれる方式です。そして顧客ターゲットはオールセグメントです。つまり、ベーシックな商品を大量に生産して低価格化を実現して、できるだけ人が多い東京の都心や駅前、繁華街で売るというモデルです。

しまむらは、ファッション性の高い商品を扱っています。流行を追うと在庫リスクが高いので、基本的には大量生産はしません。自分たちでSPAをやるのには向きません。だから、しまむらは基本的にはメーカーか卸会社から、売れそうな数量だけ仕入れる。基本的に1店舗について1アイテム1着が原則で、最大2着までと決まっています。売り切れたら、あきらめてくださいというやり方です。

これは何を「悪」と考えるかの違いでもあります。ユニクロは機会損失を非常に嫌います。だから、同じサイズ、同じ色の商品がたくさん積んである。ユニクロにとっては、店頭に商品がなくて売り損なうことが悪です。これに対して、しまむらにとっては、売れ残ることが悪です。

それぞれの最適化を追求

しまむらは、地方都市でファッションビジネスが成り立つように、ビジネスモデルを組み立てています。

例えば人口の少ない地方では店員の確保が大変です。パートやアルバイトに頼りますが、主婦のパートさんにとって大事なことは何かというと、家庭に支障が出ないように、定時に帰れるということです。

しまむらの営業時間は原則として、朝10時から夜7時ですが、開店15分前に来たらお店があけられて、閉店の15分後には帰れるというふうになっているそうです。主婦のパートさんが、自分の家庭のスケジュールを念頭に置きながら仕事ができるようにしているのです。

これを実現するには仕事を効率化する必要があります。そこでしまむらの基本的な考え方は、本部でできることは徹底的に本部でやって、現場はオペレーションだけやればいいようにしています。

ユニクロは逆です。店長に権限を与えて、店長が自分の裁量で工夫して、「うまくい

ユニクロvsしまむら 販管費比率推移

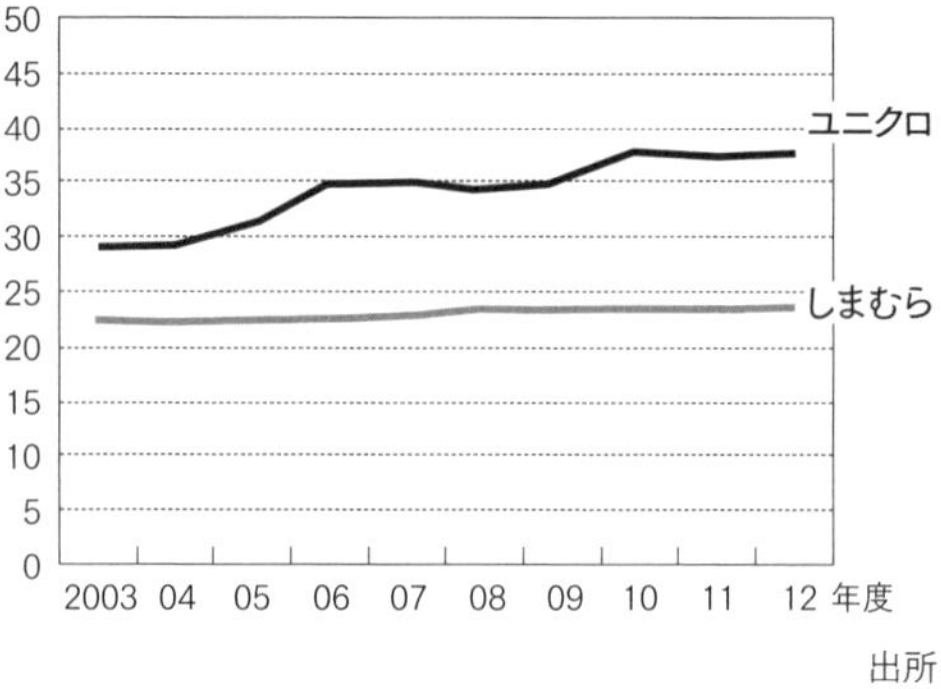

出所：両社有価証券報告書

生存領域を見つけて全体を最適化

った」「うまくいかなかった」と、切磋琢磨しながらお店を運営しています。

両社の違いは、店員の数にも表れています。しまむらは、とても少ない人数で店舗を運営できるようにしている。お店に行ってみると店員がほとんどいない。1000㎡の店の中を見回すと1人、2人いるかどうかです。一方、ユニクロは店員がたくさんいます。

なぜ、そういう違いがあるのか。その理由の一例は、商品の陳列方法とも関係しています。ユニクロは商品をきれいにたたんで陳列しているので、お客さんが広げた服を店員がたたみ直す必要がある。

これに対して、しまむらは服をたたんで陳列しないで、全部ハンガーに掛けてつるしています。どうせお客さんは服を広げて、鏡の前で自分に合わせてみるのだから、ハンガーにかかったままのほうが、合わせたり、戻したりしやすい。わざわざたたんで陳列する必要はないという考え方です。そうすれば、店員の数が少なくて済むし、店じまいも店開けも簡単にできます。

しまむらの場合は、商品の平均単価が700円です。ワンピースとかブラウスとかパンツとか、そういうのを全部含めた平均単価が700円です。それほど安い価格で売っても利益が出るように、徹底的にローコストオペレーションをしています。

しまむらは「売り切れ御免」なのですが、どうしても店によって売れるもの、売れないものが出るので、ある店で売れ残った商品を別の店に移すことがあります。店間の移動コストは1着当たりわずか50円といいます。郵便はがきより安いのです。それを実現する物流の仕組みを自分たちでつくっています。もし1着の移動に宅配便を使ったりしたら、売れ残りが減らせたとしても大赤字になってペイしません。売り切れ御免のビジネスモデルが成り立っている裏側には、それを支えるオペレーションの仕組みがあるわけです。

ここで私が言いたいことは、しまむらがいいか、ユニクロがいいかということで

ユニクロvsしまむら 両社の勝ちパターン

	ユニクロ	しまむら
扱い商品	ベーシック	流行ファッション
流行性	低い	高い
品揃え	400～500＊	4万～5万
ターゲット	全セグメント	女子中高生・主婦
立地	都心、駅前、繁華街	郊外、地方、住宅地
在庫・売れ残りリスク	少ない	高い
商品の調達	事実上の自社生産	他社から仕入れ（卸経由）
業態	SPA（製造小売）	小売店

＊サイズ違い、色違いを含まず

生存領域を見つけて全体を最適化

はありません。一見同じアパレルのチェーンでも、ユニクロとしまむらは自分たちの生存領域が全然違います。それぞれの生存領域に合った最適なビジネスの仕組みも違います。それぞれが独自の生態系を作り上げている。だからこそ両社とも成長と好業績を実現できているのです。

（講義時期２０１５年４月、２０１６年１月）

Session 9

リーダーシップ

パラダイムの橋渡しをする

内田和成

マネジャーとリーダーの違い

リーダーに求められることと、マネジャーに求められることは、同じではありません。そのことをアメリカの経営学者たちはいろいろな表現で説明しています。

リーダーシップの研究で知られるウォーレン・ベニスは、こう言っています。

「マネジャーは業績を見つめ、リーダーは地平線を見つめる」

日本では一般的に「マネジャー」というと管理職を意味します。部長、課長などの中間管理職を指す言葉として使われます。また「マネジメント」になると、これは経営を意味することが多くなって、社長や役員など経営幹部の仕事の意味で使われます。要するに、株主が投資した会社の「管理＝マネジメント」を任せた人たちがマネジャーです。

一方、リーダーという言葉は、経営者や管理職などのポジションを意味するわけではありません。人の集団がどこかに向かっていくときの方向付けをして、先頭に立っていく人のことです。つまり、リーダーというのは、5年先、10年先に組織をどこに向かわせるのかという行先を見つめなくてはいけません。

ベニスは、マネジャーは「管理」をして、リーダーは「革新」をするとも言って

パラダイムの橋渡しをする

います。マネジャーは「どのように」「いつ」を問題にして、リーダーは「何」「なぜ」を問題にする。マネジャーには短期的な視野が必要で、リーダーは長期的な視野が欠かせません。

マネジメントの研究で知られるドラッカーは、「同じ人間が戦略と戦術を同時に考えることはできない」と言っています。戦術というのは、今日のビジネスをいかに効率的にやるか。「Tactics makes today's business efficient」です。それに対して戦略というのは、今日のビジネスをいかに陳腐化させるか。つまり今日のビジネスはもう成り立たないだろうから、新しいビジネスを考えるということです。「Strategy makes today's business obsolete」です。だから戦略と戦術を同じ人間が同時に考えるというの

マネジャーとリーダーの違い

ウォーレン・ベニス

- マネジャーは管理し、リーダーは革新する
- マネジャーは短期的な視野を持ち、リーダーは長期的な視野を持つ
- マネジャーは「どのように」「いつ」を問題にし、リーダーは「何」「なぜ」を問題にする
- マネジャーは業績を見つめ、リーダーは地平線を見つめる
- マネジャーは現状を受け入れ、リーダーは現状を打破しようとする

出所：『パラダイムの魔力』（日経BP社）

は無理があるというわけです。

しかし、企業の経営幹部は、その2つを両立させることを目指さなければいけません。その両立は難しいことですが、幹部がマネジメントだけしかできない会社は衰退します。今日のビジネスをちゃんとマネージして、業績を上げていくことは経営者の必要条件であって、十分条件ではない。経営者は、会社全体を長期的に見て、どこに向かわせるのかを考えることが欠かせません。

だから経営者は、たまには日ごろのビジネスを忘れて、自分の会社の今のビジネスを否定して、まったく新しいビジネスをやるとしたら何をするか、どこにチャンスがあるのかというようなことも考えておくべきでしょう。

リーダーの役割はパラダイムの橋渡し

未来学者のジョエル・バーカーは、パラダイムという概念を提示して、リーダーの役割を説明しています。

パラダイムというのは、ものの見方の規範となる枠組みのことを意味します。「こういうやり方をすると物事がうまくいく」という、ある種の法則のようなものを意味することもあります。例えば、トヨタ自動車のカンバン方式やセブン－

参考書籍

『パラダイムの魔力 新装版』
ジョエル・バーカー（著）
仁平和夫（訳）
内田和成（序文）
日経BP社
2014年

パラダイムの橋渡しをする

イレブンのPOS管理などはパラダイムです。

偉大なパラダイムは長続きします。しかし、パラダイムは時代とともに変わります。いかに強力なパラダイムでも、あるとき無意味になる可能性もある。そういうふうに新しいパラダイムが現れて、古いパラダイムに取って代わっていくことをパラダイムシフトと言います。

それぞれの組織には独自のパラダイムがあります。マネジャーは、今のパラダイムの中でビジネスをいかにうまくやるかということが求められます。会社の戦略やビジネスモデルが決まっている中でオペレーションをして、チームを率いてやっていく。それがマネジャーの役割です。

しかし、パラダイムは思考を縛る足かせにもなります。だからパラダイムは自ら変

マネジャーの役割

- パラダイムを効果的に活用するためには、ルールの整備、原理原則、基準などが必要。
- 既存のパラダイムを進化させるのがマネジャーの役割。
- 成功しているパラダイムを捨てて、未知の新しいパラダイムへ進ませるのは、マネジャーには無理。

えていく必要があります。その役割を担える人こそリーダーです。つまり、パラダイムAからパラダイムBへの橋渡しをする。リーダーはパラダイムシフトを実行する人です。

今のように環境変化の激しい時代には、マネジャーに徹して今あるものをうまく回していくだけでは、経営幹部としては物足りません。パラダイムが変わっていくことを前提にして、パラダイムの橋渡しをしていくということを意識すべきなのです。

人によって見ているものは違う

パラダイムの話をもう少ししましょう。

人間は、自分の常識や価値観にとらわれてしまうと、ほかのものが見えなくなって

リーダーの役割

- リーダーは直観的判断に基づき、リスクを査定し、パラダイムを変える意思決定を行う。
- 後に従う人々に道筋と勇気を与える。
- 管理はパラダイムの中で行うもの。パラダイムとパラダイムの間を導くのがリーダー。

（ジョエル・バーカー）

パラダイムの橋渡しをする

しまいます。別の言い方をすると、今のパラダイムとか、自分がよく知っているパラダイムに染まってしまうと、新しいパラダイムが見えないのです。

みなさんが他人や他社を見て、「何であれがわからないんだろう」「あんなことをなぜ続けているんだろう」と思うことがあると思いますが、それは古いパラダイムに縛られていて、新しいパラダイムに気づいていないということかもしれません。だから、逆にみなさんも、新しいパラダイムに気づいていなくて、ほかの人から「どうしてそんなことを続けているの？」と思われているかもしれないわけです。

問題は、パラダイムシフトがいつ起きるのか、誰が起こすのかということです。まるで未来を見通していたかのように事業を進化させていく経営者がいますが、そういうことができる人というのは、常に観察したり、好奇心を持っていろいろなものを見ています。パラダイムシフトを察知するためには、そういう努力が欠かせません。

ここで知っておきたいのは、同じものを見ても、人によって感じることは違うということです。例えば、結婚している人は、駅と自宅の間にどんな店があるかを夫婦で話し合ってみてください。ずいぶんくい違うのではないかと思います。男性は、例えば居酒屋とかスポーツショップとか、そういうものが記憶に残るけれど、女性は、お花屋さんとかクリーニング屋さんとか、小児科とか、そういう店が目に付いている。同じ風景を見ていても、人によって見ているところが違う。そういうことを知っておいて損はないと思います。

何から何まで全部見ようとするのは無理ですが、人間は自分の価値観とか自分のパラダイムの中で物を見ているということを理解しておくということは、リーダーにとってはすごく大事です。時々、「私のパラダイムって、もしかしたら世の中とずれているのかもしれない」というチェックをすることをお勧めします。

環境要因と戦略変数

リーダーは自分の置かれている状況をきちんと理解するということが重要です。パ

パラダイムシフト

- ▶競争のルール、事業のルールが変わる
- ▶新たな企業・競争相手が出現する
- ▶成功している企業ほど苦戦する
  - ・そもそもパラダイムシフトに気がつかない
  - ・わかっていても勝てないことがある

あるパラダイムの中にいるとき、
その他のパラダイムは想像することさえ難しい。

アダム・スミス「理性の力」

ラダイムシフトを実現するためには欠かせないことです。

自分の置かれている状況のことを私は「環境要因」と呼んでいます。これは自分では選択できないことです。それに対して、自分で決めたり変更したりすることを「戦略変数」と呼んでいます。この2つをきちんと区別して考えるということが非常に大事です。

仮にみなさんがサッカーの日本代表の監督で、ワールドカップに出場することになったら、どんなチームと対戦するのか、相手チームが強いのか弱いのかということは、自分で決められない。これは環境要因です。

一方、試合が始まって、1対0で勝っているときに、さらに攻め続けて2点目を取りにいくのか、あるいは1対0で勝つために守りを固めるのかという方針は監督が自分で決めることができます。そして決定に合わせて、選手を交代させることもできる。交代のタイミングをいつにするかということも自分で決められます。これは戦略変数です。

こういうふうに、自分の組織なり自分の企業がどういう環境に置かれているかを認識することと、そこで自分にどんな打ち手があるのかということを考えることを分けて理解する。環境要因と戦略変数を分けることによって、意思決定のポイントが整理しやすくなります。

リーダーに求められる3つの要素

ここでトラと靴紐の寓話を紹介しましょう。

ジャングルの中を仲のいい男友達が2人で歩いていました。すると向こうから突然トラが現れました。2人は、ライフルやナイフなどトラを撃退できる道具は持っていません。すると片方の男が突然しゃがみ込んで、靴紐を結び直しました。もう1人の男が「何をやっているんだ」と聞いたら、靴紐を結び直している男は「トラから逃げるためだ」と答えました。立っているほうの男が「そんなことをしたってトラから逃げられるわけがないじゃないか」と言ったら、靴紐を結び直した男は「いやいや、お前より速く逃げるためだ」と答えました。話はこれで終わりです。これは私の創作です。

この話の意味するところは何か。まず大事なことは問題に気が付くということです。今、何が問題なのかということを知る。そのときに課題を「トラより速く逃げること」というふうに設定してしまうと、もう解はありません。自動車もオートバイも自転車もないわけですから。

しかし、そうではなくて、「トラは1頭だ。こっちは2人だ。トラはどちらか1人を先に襲うかもしれない。そうだとしたら、片方が襲われている間に逃げれ

パラダイムの橋渡しをする

ば、逃げおおせるかもしれない」というふうに課題を設定すると、解はあるかもしれません。

次に、意思決定です。2人は仲良しなので、トラに襲われそうになったら、「俺が盾になるからその間にお前は逃げろ」と1人が言って、もう1人が、「いやいや、お前には妻も子供もいるじゃないか。俺は独身だから俺が盾になる。お前が逃げろ」と言って、2人で譲り合っている間に2人ともトラに食われてしまうということが起きそうなのですが、そうではなくて、友人を見捨てて逃げるという、非情な意思決定をするわけです。

そして靴紐を結び直すというのは、実際にアクションを取ることです。実行に移すことです。

より早く問題に気づき、意思決定して、

虎と靴紐の寓話

▶人より早く気づく

▶意思決定

▶行動

変革に欠かせない3つの要素

実行に移す。この3つが重要です。

みなさんは、私の話を聞いて、友人を見捨てて逃げるなんて、とんでもないやつだと思うかもしれません。でも現実の経営ではそういうことが求められることがたびたびあります。例えば、大変世話になった先代の社長が始めた新規事業が赤字続きだったり、自分の仲人をしてくれた人が本部長時代に立ち上げた事業が成り立たなくなったり、そういうときに「やめよう」「撤退しよう」という意思決定ができるかというと、なかなかできない。だけど放置しておくと問題が大きくなって、解決できないくらい問題が大きくなってしまう。

かつての名門企業カネボウは、化粧品と食品という優良事業を持っていたのに、もともとの本業である繊維から撤退できなかったために、経営が破綻してしまった。繊維事業から早めに撤退して、優良事業にフォーカスすれば、十分生き延びられたのではないかと言われています。

まず問題に気づくということ。そして気づいた問題を解決するための意思決定をすること。さらには決めたことをちゃんと実行に移すこと。この3つが大事なのです。

パラダイムの橋渡しをする

ゴッドファーザーとチャンピオン

さて、今度は新しいビジネスを立ち上げることを考えてみましょう。その進め方は3つのフェーズに分けられます。1つ目のフェーズは「アイデア出し」、2つ目のフェーズは「アイデアをビジネスプランに仕立てること」、3つ目のフェーズは「実行」です。

アイデアがアイデアのままだったら、ビジネスになりません。アイデアをビジネスプランやビジネスモデルに仕立てていくことが必要です。そして実行しなければ成功はない。アイデアを出して、ビジネスプランを作って、実行していく。その3つのフェーズがそろわないと、成果は上がりません。

その3つをすべて自分でやれるという人は、そう多くはないと思います。

例えば、アイデアをいろいろ出せるけれど、社内に理解者がいなかったり、敵が多かったりして、実行が伴わないという人がいます。上司に無視されたりして、あまり出世できていない。だから実行につながらないのです。こういう人間をチャンピオンと言います。

逆に、実行力がある王道の人は、過去のやり方を継承していることが多くて、やり方を変えるのに抵抗がある。新しいアイデアでビジネスを進化させていくことが得意じゃない。しかし、社内では力があって、信頼されているケースが多い。こうした人をゴッドファーザーと名付けます。

イノベーションを起こすとすれば、アイデアを出して、それをプランにして、そして実行していくという、この3ステップのどこに自分の強みがあるのか、あるいは弱点があるのかということを認識することは欠かせません。あるいは、自分に足りないところはどこなのか、どういうチームを組んだらいいのかを考えていくことはすごく大事です。

ホンダ創業者の本田宗一郎さんは熱血漢だったという話を聞いたことがあると思います。本田宗一郎さんは、技術屋で、社長だった。そしてエンジンを空気で冷やす空冷エンジンにこだわっていた。他の自動車メーカーはみんなエンジンを水で冷やす水冷エンジンを作っていたのですが、ホンダはずっと空冷エンジンだった。

その時代にエンジンの部門のトップだったのが、後に社長になったBさんという方なのですが、そのBさんが「排ガス規制をクリアするためには、空冷じゃ無理だ。空冷はもう限界だ。だから水冷に方針転換したい」と言ったときに、本田さんから「そんなのは絶対にだめだ。空冷でやり続けろ」と言われてしまい、Bさんは嫌になって、1カ月ぐらい出社拒否になったそうです。

それに対して、本田さんを支えていた藤沢武夫さんという副社長が、本田さん

パラダイムの橋渡しをする

に向かって、「あなたはホンダの社長ですね。それなのにあなたは今、技術屋のトップのような振る舞いをしている。あなたは経営者でありたいのか、技術屋のトップであり続けたいのか、どっちですか。それはあなたが決めなきゃいけない。どっちか選んでください」というようなことを迫ったわけです。すると本田さんは「うーん」と考えて、「やっぱり俺は経営者だ。技術のことはBに任せる。あいつの好きなようにさせる。それが経営者としてやるべきことだ」というふうに悟ったということです。そしBさんが好きなようにやれるようになって、ホンダは素晴らしいエンジンの開発に成功した。

この話のように、イノベーティブな人、あるいは強いリーダーシップを持っている人というのは、それをうまく補佐するような人がいるとうまく収まることがある。何でも1人でできるスーパーマンもいますが、一般的にいうと、必ずしも1人ですべてできるわけではない。ですから自分がどういうタイプなのかということを理解しておかなくてはいけません。

どちらかというとイノベータータイプ、すなわちチャンピオン型なのか。それとも「自分は社内を押さえている。組織の動かし方や人の気持ちがわかっている」というゴッドファーザーのようなタイプなのか。自分がどちらに近いのかを知っておいて、どちらかに偏っているとしたら、自分を補うようなパートナーを探して一緒にやっていく。社長と副社長、部長と次長のようなパートナーの関係でやっていく。それがパラダイムシフトにつながるのではないかと思います。

自社の製品やサービスへの愛着を捨ててみる

さて、それでは経営者は自分の会社の製品やサービスに、どれぐらい愛着があったほうがいいのか悪いのか。一般論で言えばあったほうがいいに決まっています。しかし、逆に愛着があるが故に盲目になってしまい、市場性がなかったり、他社に対する競争優位がなかったりするにもかかわらず突っ込んでいってしまうというケースもある。そういう場合は、少し冷めたＭＢＡホルダーやコンサルタントのような人間に「ちょっと待て」と言ってもらえるようにしておくのがいいでしょう。

私の知り合いに、東京大学の技術者と一緒になって、シャフトという会社を創業した人がいます。このシャフトという会社は人型ロボットの開発をする会社です。素晴らしいアイデアと素晴らしい技術を持っていたのですが、結局彼はどうしたかというと、その会社をグーグルに売却した。自分が創業者の1人であるにもかかわらず、「もう用が済んだ」と引いたわけです。

こういうことは日本では珍しい。自分のビジネスに愛着がないんじゃないのと

パラダイムの橋渡しをする

思うかもしれませんが、彼は、すごい技術なので本当は日本の企業に投資してほしかったけれど、残念ながら日本の企業も役所もどこも投資しなかったので、高く買ってくれて、他の創業メンバーの技術者たちが研究が続けられるグーグルに売却したそうです。

例外的には、こういうシャフトの創業者のような人もいますが、日本のベンチャー企業やオーナー企業の場合、経営者が事業を愛していて、社員とも一体になった家族経営的な経営をしている。だから寝食を忘れて経営に没頭できるし、社員も経営者が俺たちを見捨てることはないだろうということで、頑張ってくれる。これまではそれでうまくいっていたわけです。

しかし、これからもずっと、そういう経営でいいかどうかというと、私はちょっと疑問を持っています。私はもともと外資系コンサルタント会社にいた割には、どちらかというと義理、人情、浪花節の家族経営は大好きです。しかし、これからの日本がそのままで成り立っていくか、あるいは社員がそれでついてくるかというと、やっぱりクエスチョンマークがつくのかなと思います。

魅力的なリーダーとは?

私はコンサルタントとして、上場企業の経営者だけでも数百人の方とお会いしています。親しく付き合っている経営者でも100人近くいます。そういう人たちを見てきて、魅力的なリーダーというのはどういう人なんだろうということを考えてきました。私は魅力的なリーダーの備えている資質というのは、次のようなことだと思っています。

はじめに当たり前のことですが、組織を目標達成や次のステージへと導くことのできる人です。現状を守ることに汲々としていたり、組織のみんなを不安に陥れるような人には誰もついてきません。

次に、リーダーはフォロワーに成長の場を与えるということが大事です。今の若い人は、組織に滅私奉公しようとか、定年までいようと思っているわけではない。そう考えると、社員を何が会社につなぎ止めるかといったら、お金ではありません。やっぱりそれは自分が成長できるとか、そこにいるとワクワクどきどきするとか、楽しいとか、いい仲間がいるとか、そういうことだと思います。だからこそ成長の場を与えるということは、リーダーにとってますます重要になっています。

パラダイムの橋渡しをする

それから、世の中を変える、業界を変えるということができるリーダーはやはり魅力的です。そういう変革者になれるリーダーに対して、人はついていこうとします。

最後に、私がすごく大事だと思っているのは、「人たらし」です。なぜかこの人のために何かをしてあげたいとか、助けてあげたいとか、そう思ってしまう人がいるのです。私がよく知っている経営者の中で一番人たらしだなと思うのは、ユニチャームの創業社長だった高原慶一朗さんですね。あるいは若いころの孫正義さんなんかもまさにそうで、あれほどの暴れん坊でありながら、財界の人たちにかわいがられていました。

こうした何らかの魅力を持つリーダーには「チャーム」があると私は定義しています。

魅力を感じないリーダーはどんな人？

逆に、魅力を感じないリーダーというのはどんな人かというと、まず私利私欲の固まりみたいな人は魅力的じゃない。それから裏表があったり、嫉妬深かったりする人も、やっぱり魅力がありません。

そして意外なところでは、賢くて、オール5の優等生のようなタイプで、要は助けてあげる余地がない人というのは、意外と人気がない。もし自分がオール5のように頭脳明晰だったら、「能あるタカはつめを隠す」というような工夫をしてもいいでしょうね。

みなさんは、自分が人間力で勝負するときに、どの部分が自分の強いところなのかということは、自分ではわからないのではないでしょうか。それは人に聞いたり、部下に聞いたり、友達に聞いたり、家族に聞いたりすることによって、わかってくると思います。

自分にはそもそも先天的にチャームがあるのかないのか、あるいはどういうところが特徴なのか、あるいはそのために人から好かれているのか、嫌われているのか、怖がられているのかとか。そういう部分を考えるということは大事です。

ここで間違えてはいけないのは、自分がどういう人間に魅力を感じるかという話と、逆に自分に対してほかの人がどんなところに魅力を感じてくれるかという話は、まったく別物だということです。

リーダーに大事なのは後者です。経営者になれば、自分がどんな人間に魅力を感じるかというのは、もうどうでもよくて、ほかの人が自分に魅力を感じてくれるかどうかが重要です。自分がどんな人間なのかという自己判断、そしてどうい

パラダイムの橋渡しをする

う人間を目指すのかという部分がすごく大事です。

腹をくくる

最後に、リーダーシップにとって大切なことは何か、私が考えていることをお話しします。

まず第1に挙げたいのは、腹をくくるということです。振り向いても誰もいないのが経営者です。特に、撤退やリストラの意思決定のような場合は、自分で孤独に決定しなくてはいけない。そういうときには腹をくくって決断しなければいけない。これは非常に大事なことです。

リーダーとは

予想外の事態を乗り越えてこの不断の戦いに勝つためには、2つの特性が必要となる。

1つは、「暗黒においても内なる光を灯し続け、真実を追究する知性」であり、

もう1つは「そのかすかな光が照らすところに進もうとする勇気」である。

出所：カルル・フォン・クラウゼヴィッツ『戦争論』

後継者を育てる

第2は、リーダーとしての自分の後継者を育てることです。これは放っておけば育つという簡単なものではありません。選別し、育成し、また選別する。道中、かなり背伸びをさせるようなチャレンジを与える、あるいは子会社で経営トップを経験させることによって失敗から学ばせるなど、計画的に根気強く進める必要があります。

ただし、私はオーナー経営者に対しては、ちょっと意地悪く、「あなたは後継者選びはうまくできないよ」と言っています。

理由はすごく簡単です。自分の息子や娘を選ぶ場合は別ですが、社員から選んだり、社外から選んだりする場合、後継者には大きく分けて2つのパターンがあります。自分の路線を踏襲できる人を選ぶパターンと、自分にないものを求めて補完的なタイプを選ぶパターンです。

でも、これはどっちもうまくいかない。なぜかというと、自分に似た人を選ぶと、最初のうちはいいと思うんですが、しばらくすると物足りなくなってしまう。「やっぱり自分のほうができる」と思ってしまうわけです。それはそうですよね。オーナー経営者は会社を20年、30年やってきたわけですから。それを見よう見ま

パラダイムの橋渡しをする

ねでやってきた人が引き受けても、なかなか創業者を超えることはできない。だから物足りなくなって、不満が生じる。

一方で違うタイプを選ぶと、最初のうちは、「あいつは俺にないものを持っている。俺に意見を言える。だからいい」というふうに思っていますが、違う意見が多いと、自分の過去を否定されるようでだんだんフラストレーションがたまってくる。半年か1年もたつと、「あいつを選んだのは間違いだったかもしれない」と思うようになる。

オーナー経営者が後継者を選ぶときには、そういうジレンマがあります。オーナー経営の場合は、そういうことを頭に入れておく必要があるでしょう。

自分の型を作る

それからリーダーシップに大切なことの第3は、自分の型をつくるということです。

以前、『ハーバード・ビジネス・レビュー』に、アメリカの経営者をタイプ分けした研究論文が載りました。例えば、自分の会社はどういう戦略を取るべきかを考えるのが得意な「戦略型」。この事業は伸ばす、この事業は縮小、この事業は撤退か売却、というふうに決めていく。あるいはそれぞれの事業は差別化でいくのか、コストリーダーシップなのか、そういうふうに戦略を考えるというのが1つのタイプです。

そのほかには、人材育成にものすごくエネルギーと時間を使う「人材育成型」、研究開発や技術開発が好きで新しいものを生み出すことに時間を使うタイプなどがあって、6つのタイプに分類されていました。

もちろんこうした分類にこだわる必要はありませんが、いずれにせよリーダーは自分の型を持つとか、型をつくるというのはすごく大事だと思います。もちろん、自分が得意な型に持ち込めないこともあって、例えば本当は攻めの経営が好きなのに、守らなくてはいけないというような状況はありますが、自分はどういうことが得意だとか、こういう型に持ち込んだら負けないとか、こういうときにアドレナリンが出るということを知っておくということは大事です。

学び続ける

最後は、学び続けるということです。人間は基本的には成功からは学べません。なぜかというと、成功しても同じことを繰り返すだけで、そこに進歩とか進化、成長はありません。失敗すると、何がいけなかったのだろうか、あるいは次はこうやってみようということを考える。そこには学習と進化があります。だから失敗をするということが私は成長の原点だと思っています。

私は、経営者というのは結果がすべてだと思っています。ただし、そうは言いながら運とかツキというのは非常に大事だとも思っています。ぜひ、どうやったら運をつかめるのか、あるいは運を逃がさないで済むのかということを考えてほしいと思っています。

そのためには、やっぱり練習です。経験です。失敗を繰り返す中から、自分のスタイルをつくっていく。そういう練習はすごく大事だなと思っています。

（講義時期２０１５年４月、２０１６年３月）

内田和成（うちだ・かずなり）
早稲田大学ビジネススクール教授

東京大学工学部卒業。慶應義塾大学大学院経営管理研究科修了（MBA）。日本航空を経て、1985年ボストンコンサルティンググループ（BCG）入社。2000年6月から2004年12月までBCG日本代表を務める。2006年には「世界で最も有力なコンサルタントのトップ25人」（米コンサルティング・マガジン）に選出された。2006年から現職。競争戦略やリーダーシップ論を担当するほか、エグゼクティブ・プログラムでの講義や企業のリーダーシップトレーニングも行う。著書に『仮説思考』（東洋経済新報社）、『ゲーム・チェンジャーの競争戦略』（編著、日本経済新聞出版社）、『ビジネスマンの基礎知識としてのMBA入門』（共著、日経BP社）などがある。

根来龍之（ねごろ・たつゆき）
早稲田大学ビジネススクール教授

京都大学文学部卒業（哲学科）。慶應義塾大学大学院経営管理研究科修了（MBA）。鉄鋼メーカー、英ハル大学客員研究員、文教大学などを経て、2001年から現職。早稲田大学IT戦略研究所所長。経営情報学会会長、国際CIO学会副会長、CRM協議会副理事長などを歴任。著書に、『プラットフォームの教科書』『ビジネス思考実験』『事業創造のロジック』（日経BP社）、『代替品の戦略』（東洋経済新報社）、『IoT時代の競争分析フレームワーク』（編著、中央経済社）などがある。

浅羽 茂（あさば・しげる）
早稲田大学ビジネススクール教授

東京大学経済学部卒業。東京大学大学院経済学研究科博士課程単位取得、1994年博士（経済学）。1999年米カリフォルニア大学ロサンゼルス校大学院博士課程修了、Ph.D.（Management）。学習院大学経済学部教授などを経て、2013年から現職。著書に『企業戦略を考える』（共著、日経文庫）、『企業の経済学』（日経文庫）、『経営戦略の経済学』（日本評論社）、『日本企業の競争原理』（東洋経済新報社）、『競争と協力の戦略』（有斐閣）などがある。

入山章栄（いりやま・あきえ）
早稲田大学ビジネススクール准教授

慶應義塾大学経済学部卒業、同大学院経済学研究科修士課程修了。三菱総合研究所で主に自動車メーカー・国内外政府機関への調査・コンサルティング業務に従事した後、2008年に米ピッツバーグ大学経営大学院よりPh.D.を取得。同年より米ニューヨーク州立大学バッファロー校ビジネススクール助教授。2013年から現職。Strategic Management Journal, Journal of International Business Studiesなど国際的な主要経営学術誌に論文を発表している。著書に『ビジネススクールでは学べない世界最先端の経営学』（日経BP社）、『世界の経営学者はいま何を考えているのか』(英治出版)がある。

ビジネスマンの基礎知識としてのMBA入門2
イノベーション&マネジメント編

2018年10月22日　第1版第1刷発行

著　者　　浅羽 茂・入山章栄・内田和成・根来龍之
発行者　　村上広樹
発　行　　日経BP社
発　売　　日経BPマーケティング
〒105-8308　東京都港区虎ノ門4-3-12
装　丁　　遠藤陽一（DESIGN WORKSHOP JIN,inc.）
制作・図版作成　秋本さやか（アーティザンカンパニー）
編　集　　長崎隆司
印刷・製本　図書印刷

ISBN978-4-8222-5179-6